Table of Contents

CW00927392

(Answers in Back)

ISBN: 9798692599995

Name: ———————————— **Date:** ——————

Time: :

Score: /20

Day 1	Written Addition

Add the following numbers using the formal written method.

① 70
```
  15
+ 68
─────
  83
```

②
```
  68
+ 93
─────
```

③ 70
```
  60
+ 52
─────
```

④ 70
```
  52
+ 85
─────
```

⑤
```
  20
+ 22
─────
  42
```

⑥
```
  47
+ 54
─────
 101
   1
```

⑦
```
  18
+ 26
─────
  44
   1
```

⑧
```
  56
+ 67
─────
```

⑨
```
  47
+ 30
─────
```

⑩
```
  48
+ 97
─────
```

⑪
```
  72
+ 42
─────
```

⑫
```
  46
+ 75
─────
```

⑬
```
  90
+ 54
─────
```

⑭
```
  42
+ 86
─────
```

⑮
```
  76
+ 69
─────
```

⑯
```
  64
+ 69
─────
```

⑰
```
  94
+ 95
─────
```

⑱
```
  75
+ 94
─────
```

⑲
```
  86
+ 25
─────
```

⑳
```
  10
+ 58
─────
```

Name: ______________________ Date: ____________

Time: :

Score: /20

Day 2 **Written Addition**

Add the following numbers using the formal written method.

① 78 + 12	② 25 + 34	③ 79 + 77	④ 73 + 72
⑤ 95 + 64	⑥ 52 + 21	⑦ 27 + 76	⑧ 71 + 60
⑨ 81 + 75	⑩ 16 + 65	⑪ 98 + 32	⑫ 52 + 57
⑬ 83 + 37	⑭ 12 + 51	⑮ 14 + 82	⑯ 53 + 19
⑰ 87 + 35	⑱ 80 + 18	⑲ 57 + 11	⑳ 52 + 79

Name: ______________________ **Date:** ____________

Day 3 | **Written Addition**

Time: :

Score: /20

Add the following numbers using the formal written method.

(1) 69 + 63	(2) 61 + 74	(3) 90 + 79	(4) 15 + 18
(5) 98 + 35	(6) 57 + 85	(7) 35 + 67	(8) 33 + 21
(9) 20 + 63	(10) 69 + 59	(11) 81 + 25	(12) 37 + 59
(13) 50 + 26	(14) 78 + 78	(15) 91 + 88	(16) 25 + 16
(17) 23 + 68	(18) 11 + 30	(19) 12 + 29	(20) 52 + 46

Name: ______________________ Date: ____________

Time: :

Score: /20

Day 4 | Written Addition

Add the following numbers using the formal written method.

(1) $95 + 99$	(2) $90 + 45$	(3) $33 + 82$	(4) $37 + 64$
(5) $69 + 15$	(6) $68 + 36$	(7) $76 + 39$	(8) $61 + 82$
(9) $32 + 39$	(10) $30 + 49$	(11) $17 + 15$	(12) $40 + 97$
(13) $38 + 52$	(14) $28 + 14$	(15) $87 + 91$	(16) $20 + 72$
(17) $95 + 42$	(18) $29 + 56$	(19) $38 + 50$	(20) $27 + 93$

Name: ________________ Date: ____________

Time: :

Score: /20

Day 7 — Written Addition

Add the following numbers using the formal written method.

(1) $630 + 53$	(2) $274 + 87$	(3) $361 + 98$	(4) $517 + 62$
(5) $350 + 51$	(6) $285 + 83$	(7) $197 + 84$	(8) $511 + 36$
(9) $274 + 28$	(10) $852 + 18$	(11) $208 + 71$	(12) $734 + 11$
(13) $679 + 90$	(14) $299 + 67$	(15) $822 + 71$	(16) $948 + 38$
(17) $660 + 52$	(18) $959 + 51$	(19) $125 + 94$	(20) $274 + 95$

Name: ________________ Date: ________

Time: :

Score: /20

Day 8 **Written Addition**

Add the following numbers using the formal written method.

(1) 959 + 80	(2) 463 + 75	(3) 273 + 58	(4) 252 + 28
(5) 670 + 14	(6) 935 + 15	(7) 502 + 32	(8) 748 + 59
(9) 647 + 21	(10) 556 + 86	(11) 237 + 32	(12) 530 + 16
(13) 264 + 18	(14) 519 + 27	(15) 911 + 89	(16) 997 + 86
(17) 223 + 69	(18) 827 + 62	(19) 726 + 86	(20) 312 + 75

Name: ____________________ Date: ____________

Day 9 | Written Addition

Time: :

Score: /20

Add the following numbers using the formal written method.

(1) 490 + 331	(2) 784 + 839	(3) 950 + 377	(4) 482 + 690
(5) 771 + 906	(6) 346 + 493	(7) 397 + 815	(8) 435 + 664
(9) 951 + 590	(10) 897 + 460	(11) 105 + 377	(12) 593 + 118
(13) 260 + 640	(14) 607 + 265	(15) 543 + 614	(16) 430 + 181
(17) 907 + 415	(18) 440 + 820	(19) 742 + 487	(20) 666 + 277

Name: ____________________ Date: ____________

Day 10 | **Written Addition**

Time: :

Score: /20

Add the following numbers using the formal written method.

① 222 + 382	② 262 + 314	③ 582 + 437	④ 479 + 297
⑤ 618 + 258	⑥ 715 + 956	⑦ 215 + 825	⑧ 852 + 293
⑨ 710 + 596	⑩ 957 + 985	⑪ 742 + 581	⑫ 735 + 806
⑬ 760 + 242	⑭ 164 + 263	⑮ 514 + 282	⑯ 844 + 943
⑰ 531 + 542	⑱ 203 + 652	⑲ 761 + 290	⑳ 189 + 671

Name: ______________________ Date: ____________

Day 11 | Written Addition | Time: : | Score: /20

Add the following numbers using the formal written method.

(1) 682 + 497	(2) 340 + 656	(3) 396 + 947	(4) 103 + 749
(5) 825 + 844	(6) 706 + 136	(7) 811 + 789	(8) 776 + 424
(9) 721 + 220	(10) 355 + 396	(11) 726 + 204	(12) 646 + 307
(13) 391 + 707	(14) 600 + 632	(15) 659 + 982	(16) 307 + 822
(17) 917 + 661	(18) 166 + 709	(19) 654 + 539	(20) 173 + 248

Name: ____________________ Date: ____________

Day 12 | Written Addition | Time: : | Score: /20

Add the following numbers using the formal written method.

(1) 791 + 744	(2) 217 + 678	(3) 261 + 350	(4) 301 + 645
(5) 871 + 790	(6) 951 + 692	(7) 349 + 608	(8) 813 + 324
(9) 703 + 120	(10) 763 + 445	(11) 395 + 645	(12) 267 + 154
(13) 207 + 965	(14) 622 + 764	(15) 796 + 795	(16) 615 + 356
(17) 954 + 768	(18) 130 + 741	(19) 771 + 342	(20) 520 + 728

Name: ———————————————— **Date:** ——————

Time: :

Score: /20

| Day 13 | Written Addition |

Add the following numbers using the formal written method.

① 279
+ 426

② 235
+ 277

③ 361
+ 594

④ 762
+ 886

⑤ 910
+ 237

⑥ 248
+ 597

⑦ 830
+ 266

⑧ 891
+ 738

⑨ 793
+ 819

⑩ 475
+ 522

⑪ 704
+ 683

⑫ 351
+ 228

⑬ 188
+ 810

⑭ 391
+ 127

⑮ 268
+ 814

⑯ 341
+ 429

⑰ 311
+ 895

⑱ 894
+ 472

⑲ 961
+ 611

⑳ 686
+ 816

Name: ____________________ **Date:** ____________

Time: : **Score:** /20

Day 14 — Written Addition

Add the following numbers using the formal written method.

① 780 + 538	② 417 + 137	③ 532 + 473	④ 902 + 760
⑤ 910 + 648	⑥ 400 + 801	⑦ 590 + 918	⑧ 708 + 637
⑨ 827 + 975	⑩ 432 + 469	⑪ 783 + 250	⑫ 690 + 386
⑬ 345 + 454	⑭ 493 + 996	⑮ 296 + 274	⑯ 565 + 675
⑰ 473 + 893	⑱ 324 + 152	⑲ 396 + 901	⑳ 899 + 215

Name: ______________________ Date: ____________

Time: :

Score: /20

Day 15

Written Addition

Add the following numbers using the formal written method.

(1) 9 875 + 269	(2) 1 327 + 868	(3) 5 805 + 803	(4) 2 999 + 886
(5) 3 499 + 406	(6) 1 629 + 487	(7) 9 736 + 988	(8) 4 382 + 381
(9) 6 842 + 948	(10) 2 574 + 803	(11) 7 210 + 266	(12) 2 883 + 842
(13) 6 513 + 332	(14) 7 358 + 734	(15) 1 168 + 741	(16) 5 824 + 552
(17) 9 124 + 327	(18) 6 325 + 175	(19) 7 184 + 365	(20) 8 875 + 944

Name: ______________________ Date: ______________

Time: :

Score: /20

Day 16 **Written Addition**

Add the following numbers using the formal written method.

(1) 1 450 + 320	(2) 8 955 + 922	(3) 3 007 + 106	(4) 6 113 + 281
(5) 8 114 + 778	(6) 7 202 + 486	(7) 2 321 + 332	(8) 8 601 + 230
(9) 9 507 + 812	(10) 6 877 + 110	(11) 6 361 + 535	(12) 4 432 + 203
(13) 5 265 + 245	(14) 3 715 + 921	(15) 4 652 + 659	(16) 5 849 + 368
(17) 1 207 + 277	(18) 8 038 + 362	(19) 6 477 + 689	(20) 1 896 + 373

Name: ______________________ Date: ____________

Time: :   Score: /20

Day 17 — Written Addition

Add the following numbers using the formal written method.

(1) 2 021 + 867	(2) 6 553 + 317	(3) 8 689 + 370	(4) 6 106 + 270
(5) 9 013 + 914	(6) 8 681 + 150	(7) 7 589 + 395	(8) 5 245 + 507
(9) 7 671 + 966	(10) 3 168 + 458	(11) 4 597 + 398	(12) 2 927 + 449
(13) 5 213 + 679	(14) 1 157 + 429	(15) 3 733 + 548	(16) 1 030 + 641
(17) 6 966 + 984	(18) 7 275 + 491	(19) 1 064 + 298	(20) 4 598 + 946

Name: ________________________ Date: ____________

Time: :

Score: /20

Day 18 — Written Addition

Add the following numbers using the formal written method.

(1) 5 617 + 446	(2) 2 335 + 736	(3) 7 469 + 589	(4) 6 593 + 642
(5) 5 046 + 144	(6) 1 587 + 376	(7) 6 163 + 724	(8) 9 644 + 238
(9) 7 456 + 865	(10) 9 030 + 469	(11) 6 166 + 675	(12) 8 154 + 855
(13) 2 589 + 874	(14) 6 596 + 262	(15) 6 335 + 435	(16) 7 024 + 309
(17) 1 319 + 981	(18) 6 349 + 922	(19) 6 124 + 526	(20) 3 078 + 343

Name: ______________________ Date: ____________

Time: :

Score: /20

Day 19 — Written Addition

Add the following numbers using the formal written method.

(1) 1 704 + 685	(2) 5 176 + 763	(3) 9 901 + 951	(4) 6 456 + 722
(5) 8 932 + 873	(6) 9 604 + 215	(7) 9 179 + 139	(8) 5 766 + 204
(9) 3 055 + 819	(10) 8 984 + 361	(11) 1 815 + 142	(12) 2 821 + 276
(13) 4 004 + 966	(14) 5 167 + 426	(15) 3 061 + 274	(16) 5 063 + 170
(17) 4 464 + 212	(18) 8 487 + 422	(19) 7 093 + 904	(20) 5 817 + 681

Name: ______________________ Date: ______________

Time: : Score: /20

Day 20 **Written Addition**

Add the following numbers using the formal written method.

(1) 3 023 + 853	(2) 6 558 + 568	(3) 7 673 + 538	(4) 9 885 + 836
(5) 2 510 + 699	(6) 1 417 + 662	(7) 6 736 + 674	(8) 4 821 + 648
(9) 6 386 + 681	(10) 7 437 + 211	(11) 6 338 + 479	(12) 3 818 + 793
(13) 4 232 + 627	(14) 6 723 + 549	(15) 7 391 + 942	(16) 8 464 + 917
(17) 2 400 + 743	(18) 5 332 + 119	(19) 4 607 + 643	(20) 3 059 + 996

Name: ____________________ Date: ____________

Time: :

Score: /20

Day 21 **Written Addition**

Add the following numbers using the formal written method.

(1) 7 396 + 4 431	(2) 1 996 + 1 805	(3) 5 579 + 5 328	(4) 9 565 + 7 041
(5) 3 409 + 5 205	(6) 8 083 + 5 619	(7) 9 824 + 4 328	(8) 3 275 + 9 492
(9) 8 170 + 4 534	(10) 6 922 + 6 287	(11) 1 279 + 4 286	(12) 3 877 + 5 298
(13) 5 755 + 1 291	(14) 9 189 + 4 257	(15) 5 327 + 8 415	(16) 9 464 + 8 376
(17) 4 949 + 8 606	(18) 7 361 + 2 988	(19) 2 284 + 3 908	(20) 4 938 + 1 275

Name: ______________________ Date: ____________

Time: :

Score: /20

Day 22 **Written Addition**

Add the following numbers using the formal written method.

(1) 5 797 + 7 681	(2) 3 366 + 3 228	(3) 5 450 + 2 982	(4) 7 494 + 6 083
(5) 1 369 + 4 807	(6) 9 025 + 5 388	(7) 3 168 + 5 425	(8) 9 111 + 7 212
(9) 9 627 + 3 012	(10) 3 266 + 9 464	(11) 1 479 + 2 393	(12) 4 312 + 6 527
(13) 4 721 + 2 189	(14) 7 408 + 9 640	(15) 1 018 + 3 111	(16) 4 907 + 3 721
(17) 3 553 + 8 326	(18) 2 399 + 1 811	(19) 1 859 + 9 620	(20) 1 470 + 7 459

Name: ______________________ Date: ____________

Time: : Score: /20

Day 23 Written Addition

Add the following numbers using the formal written method.

(1) 3 129 + 8 615	(2) 1 196 + 5 999	(3) 5 613 + 3 513	(4) 9 629 + 8 031
(5) 7 040 + 7 053	(6) 6 548 + 7 224	(7) 2 984 + 4 169	(8) 1 895 + 3 298
(9) 2 010 + 6 470	(10) 7 383 + 8 396	(11) 4 250 + 2 539	(12) 1 020 + 3 154
(13) 8 929 + 2 448	(14) 4 027 + 2 328	(15) 9 282 + 8 544	(16) 4 675 + 1 059
(17) 1 715 + 1 668	(18) 5 683 + 8 667	(19) 8 785 + 8 196	(20) 6 317 + 2 412

Name: ______________________ **Date:** ____________

Time: :   **Score:** /20

Day 24 — Written Addition

Add the following numbers using the formal written method.

(1) 3 892 + 2 335	(2) 4 935 + 5 514	(3) 9 079 + 3 123	(4) 2 768 + 8 750
(5) 5 295 + 5 483	(6) 4 024 + 7 557	(7) 5 315 + 4 553	(8) 2 759 + 7 910
(9) 7 934 + 7 732	(10) 5 128 + 7 744	(11) 6 304 + 2 409	(12) 2 059 + 4 163
(13) 9 101 + 1 844	(14) 2 121 + 2 708	(15) 6 902 + 2 233	(16) 7 082 + 6 571
(17) 5 250 + 7 387	(18) 6 095 + 6 451	(19) 2 426 + 2 698	(20) 4 423 + 4 923

Name: ______________________ Date: ____________

Time: :

Score: /20

Day 25 **Written Addition**

Add the following numbers using the formal written method.

(1) 4 632 + 5 298	(2) 9 457 + 2 944	(3) 6 757 + 5 039	(4) 6 761 + 8 123
(5) 9 459 + 5 426	(6) 4 791 + 4 549	(7) 6 561 + 2 312	(8) 8 041 + 3 138
(9) 5 946 + 6 830	(10) 2 636 + 3 751	(11) 1 387 + 3 873	(12) 5 747 + 2 237
(13) 2 077 + 9 254	(14) 1 759 + 6 327	(15) 3 468 + 4 928	(16) 3 219 + 4 656
(17) 1 378 + 7 184	(18) 1 379 + 2 487	(19) 2 503 + 5 639	(20) 3 160 + 8 056

Name: ______________________ **Date:** ______________

Day 26 | **Written Addition**

Time: :

Score: /20

Add the following numbers using the formal written method.

(1) 3 585 + 7 540	(2) 8 717 + 7 622	(3) 7 607 + 6 023	(4) 6 604 + 8 793
(5) 2 327 + 2 442	(6) 4 181 + 3 741	(7) 5 413 + 9 830	(8) 7 719 + 8 451
(9) 9 164 + 7 935	(10) 5 822 + 1 655	(11) 3 890 + 5 471	(12) 7 252 + 2 937
(13) 7 029 + 7 702	(14) 3 313 + 3 318	(15) 1 435 + 3 587	(16) 5 731 + 1 540
(17) 5 897 + 2 220	(18) 8 659 + 8 833	(19) 9 236 + 9 192	(20) 9 088 + 6 370

Name: ______________________ Date: ______________

Day 27 **Written Addition**

Time: :

Score: /20

Add the following numbers using the formal written method.

(1) 9 681 + 7 014	(2) 3 179 + 7 363	(3) 2 982 + 4 093	(4) 5 533 + 8 328
(5) 4 986 + 6 876	(6) 9 339 + 1 766	(7) 4 576 + 5 494	(8) 4 324 + 9 139
(9) 9 537 + 2 085	(10) 5 616 + 8 302	(11) 8 316 + 4 900	(12) 4 734 + 3 694
(13) 9 720 + 6 267	(14) 6 406 + 2 069	(15) 3 497 + 3 601	(16) 7 244 + 5 036
(17) 6 620 + 6 385	(18) 8 615 + 6 516	(19) 4 118 + 4 305	(20) 7 874 + 6 807

Name: ______________________ Date: ____________

Time: :

Score: /20

Day 28 Written Addition

Add the following numbers using the formal written method.

(1) 7 572 + 5 702	(2) 4 914 + 2 409	(3) 8 565 + 1 871	(4) 1 607 + 2 812
(5) 8 533 + 1 933	(6) 3 111 + 8 712	(7) 2 876 + 7 262	(8) 4 464 + 7 144
(9) 4 223 + 9 287	(10) 4 862 + 2 705	(11) 2 872 + 7 911	(12) 8 767 + 8 504
(13) 1 704 + 5 865	(14) 7 857 + 9 778	(15) 3 307 + 9 620	(16) 4 115 + 8 661
(17) 8 899 + 7 045	(18) 5 893 + 1 982	(19) 6 215 + 5 412	(20) 8 557 + 2 433

Name: ———————————— **Date:** ——————

Time:
:

Score:
/20

Day 29 | **Written Addition**

Add the following numbers using the formal written method.

①
```
    2 798
    1 493
+   9 153
_____
```

②
```
    1 574
    9 482
+   3 317
_____
```

③
```
    6 698
    6 970
+   1 201
_____
```

④
```
    9 416
    3 651
+   5 204
_____
```

⑤
```
    6 829
    8 460
+   3 588
_____
```

⑥
```
    5 897
    8 332
+   5 533
_____
```

⑦
```
    9 533
    1 707
+   1 976
_____
```

⑧
```
    4 729
    7 734
+   7 732
_____
```

⑨
```
    8 047
    6 423
+   7 007
_____
```

⑩
```
    6 820
    9 967
+   6 868
_____
```

⑪
```
    3 438
    8 016
+   4 653
_____
```

⑫
```
    5 868
    4 349
+   3 984
_____
```

⑬
```
    4 128
    6 218
+   7 193
_____
```

⑭
```
    6 814
    5 316
+   2 547
_____
```

⑮
```
    9 167
    5 529
+   7 642
_____
```

⑯
```
    3 982
    6 068
+   6 316
_____
```

⑰
```
    9 801
    6 495
+   3 814
_____
```

⑱
```
    2 331
    7 153
+   9 616
_____
```

⑲
```
    6 668
    8 067
+   3 757
_____
```

⑳
```
    2 420
    3 526
+   4 059
_____
```

Name: ______________________ Date: ____________

Time: :

Score: /20

Day 30 | **Written Addition**

Add the following numbers using the formal written method.

(1) 2 276 8 785 + 2 220	(2) 3 275 3 355 + 3 781	(3) 6 898 4 248 + 6 827	(4) 7 457 6 132 + 7 040	(5) 3 786 7 923 + 7 752
(6) 7 343 5 705 + 9 801	(7) 6 057 9 700 + 9 682	(8) 5 192 4 775 + 7 327	(9) 9 372 2 872 + 5 167	(10) 1 972 9 844 + 5 716
(11) 3 900 7 113 + 5 995	(12) 6 079 2 079 + 9 331	(13) 6 207 8 533 + 9 603	(14) 9 991 3 777 + 7 129	(15) 8 402 3 972 + 9 752
(16) 5 538 9 225 + 7 634	(17) 5 928 1 893 + 2 212	(18) 3 545 7 314 + 2 123	(19) 4 982 7 082 + 5 010	(20) 4 892 3 902 + 1 483

Name: ——————————————— **Date:** ——————

Day 31 | **Written Addition** | **Time:** : | **Score:** /20

Add the following numbers using the formal written method.

(1)
```
   9 802
   9 290
+  6 073
────────
```

(2)
```
   2 035
   1 146
+  6 367
────────
```

(3)
```
   6 066
   1 535
+  7 638
────────
```

(4)
```
   9 594
   6 782
+  3 671
────────
```

(5)
```
   4 012
   7 917
+  2 782
────────
```

(6)
```
   9 846
   4 921
+  2 710
────────
```

(7)
```
   5 492
   6 237
+  4 426
────────
```

(8)
```
   6 588
   3 772
+  9 532
────────
```

(9)
```
   9 341
   6 458
+  4 299
────────
```

(10)
```
   5 466
   6 574
+  4 340
────────
```

(11)
```
   7 930
   6 517
+  4 593
────────
```

(12)
```
   5 809
   1 903
+  8 130
────────
```

(13)
```
   1 748
   9 081
+  1 749
────────
```

(14)
```
   5 699
   7 373
+  5 364
────────
```

(15)
```
   7 818
   6 059
+  2 386
────────
```

(16)
```
   2 049
   6 468
+  3 072
────────
```

(17)
```
   6 632
   4 472
+  6 142
────────
```

(18)
```
   6 991
   4 289
+  6 001
────────
```

(19)
```
   8 646
   4 214
+  6 517
────────
```

(20)
```
   6 540
   2 693
+  4 688
────────
```

Name: ______________________ Date: ______________

Day 32 | **Written Addition** | Time: : | Score: /20

Add the following numbers using the formal written method.

①	②	③	④	⑤
2 852	5 044	5 486	2 974	5 129
2 130	1 928	2 369	5 669	8 205
+ 7 336	+ 1 196	+ 8 079	+ 5 915	+ 5 817

⑥	⑦	⑧	⑨	⑩
9 303	7 083	5 461	8 086	1 650
9 030	9 229	2 537	1 111	3 939
+ 4 460	+ 8 077	+ 5 368	+ 6 828	+ 4 834

⑪	⑫	⑬	⑭	⑮
5 495	7 246	2 396	3 046	5 908
9 439	6 042	7 409	8 321	1 389
+ 6 908	+ 4 778	+ 6 649	+ 5 444	+ 7 122

⑯	⑰	⑱	⑲	⑳
9 089	7 850	3 767	3 403	2 968
4 416	4 781	9 646	7 390	6 957
+ 1 214	+ 3 456	+ 1 713	+ 9 592	+ 1 817

Name: ______________________ **Date:** ______________

Day 33 | **Written Addition**

Time: :

Score: /20

Add the following numbers using the formal written method.

① 3 500 2 272 + 7 562	② 6 126 2 603 + 1 796	③ 2 818 1 477 + 8 726	④ 6 708 5 338 + 2 346	⑤ 6 255 8 141 + 6 196
⑥ 1 672 7 497 + 6 943	⑦ 8 145 2 986 + 5 823	⑧ 5 976 9 791 + 4 389	⑨ 2 104 2 551 + 9 810	⑩ 6 177 5 327 + 4 019
⑪ 6 220 7 800 + 5 130	⑫ 9 258 6 964 + 6 734	⑬ 1 986 4 546 + 8 063	⑭ 3 905 9 294 + 4 520	⑮ 7 836 5 575 + 5 959
⑯ 6 622 3 019 + 2 545	⑰ 1 015 1 841 + 9 823	⑱ 8 963 1 795 + 2 420	⑲ 5 113 7 522 + 2 480	⑳ 4 173 5 023 + 1 052

Name: ______________________ Date: ____________

Time: :

Score: /20

Day 34 **Written Addition**

Add the following numbers using the formal written method.

(1) 3 445 9 215 + 4 234	(2) 8 690 9 878 + 4 372	(3) 7 135 5 735 + 4 468	(4) 7 010 5 821 + 5 868	(5) 9 332 5 189 + 7 057
(6) 1 080 9 523 + 1 518	(7) 2 677 7 216 + 9 802	(8) 4 446 4 375 + 4 120	(9) 7 861 7 225 + 5 392	(10) 9 272 3 116 + 1 172
(11) 1 339 9 265 + 9 262	(12) 4 049 4 877 + 7 957	(13) 7 216 6 290 + 2 455	(14) 6 685 1 855 + 7 334	(15) 6 512 1 481 + 4 378
(16) 7 306 7 373 + 6 428	(17) 4 797 7 810 + 6 376	(18) 3 651 6 954 + 9 129	(19) 9 478 8 997 + 5 840	(20) 1 113 1 829 + 3 653

Name: ____________________ Date: ____________

Day 35

Written Addition

Time: :

Score: /20

Add the following numbers using the formal written method.

①	②	③	④	⑤
9 037	8 810	4 714	8 938	6 818
1 230	4 740	3 816	5 535	4 784
+ 2 638	+ 5 124	+ 7 224	+ 7 891	+ 6 425

⑥	⑦	⑧	⑨	⑩
5 235	4 024	8 626	1 949	6 440
4 447	6 403	5 919	6 483	5 918
+ 8 558	+ 3 421	+ 7 836	+ 9 752	+ 7 982

⑪	⑫	⑬	⑭	⑮
2 929	1 711	8 988	3 631	4 717
6 638	6 147	5 254	5 606	4 485
+ 9 811	+ 1 242	+ 1 301	+ 8 978	+ 3 095

⑯	⑰	⑱	⑲	⑳
5 994	1 407	8 116	8 832	4 801
4 110	3 227	2 092	1 411	7 861
+ 7 036	+ 3 085	+ 6 616	+ 5 310	+ 8 256

Name: ______________________ Date: ______________

Day 36 **Written Addition**

Time: :   Score: /20

Add the following numbers using the formal written method.

(1) 2 092 4 646 + 8 567	(2) 2 355 3 030 + 7 066	(3) 8 917 7 516 + 4 867	(4) 1 511 7 338 + 2 429	(5) 8 495 2 339 + 8 243
(6) 9 501 6 508 + 6 743	(7) 4 665 8 197 + 5 931	(8) 7 314 9 050 + 6 526	(9) 9 370 6 484 + 8 304	(10) 9 680 2 694 + 5 010
(11) 1 600 9 817 + 6 839	(12) 1 787 1 914 + 1 308	(13) 6 280 7 021 + 5 456	(14) 3 169 4 136 + 8 610	(15) 1 619 6 651 + 9 266
(16) 3 664 8 380 + 9 791	(17) 7 033 1 347 + 7 520	(18) 8 027 1 834 + 6 773	(19) 9 990 4 777 + 5 595	(20) 3 041 2 984 + 6 545

Name: ______________________ Date: ______________

Time: :

Score: /20

Day 37 **Written Addition**

Add the following numbers using the formal written method.

(1) 81 303 + 64 770	(2) 63 051 + 43 785	(3) 90 491 + 71 760	(4) 25 851 + 92 771
(5) 75 270 + 52 420	(6) 28 121 + 75 296	(7) 66 257 + 22 651	(8) 76 233 + 33 615
(9) 94 138 + 76 822	(10) 57 705 + 95 899	(11) 11 958 + 52 368	(12) 23 663 + 22 904
(13) 56 519 + 76 400	(14) 98 965 + 38 800	(15) 57 304 + 92 304	(16) 56 446 + 63 226
(17) 54 314 + 71 432	(18) 69 985 + 36 054	(19) 98 025 + 26 610	(20) 41 155 + 91 977

Name: _____ **Date:** _____

Day 38 | **Written Addition** | Time: : | Score: /20

Add the following numbers using the formal written method.

①   35 841
    + 22 491

②   25 507
    + 31 478

③   65 385
    + 76 468

④   20 104
    + 30 409

⑤   92 522
    + 15 076

⑥   88 912
    + 87 868

⑦   52 332
    + 25 247

⑧   66 912
    + 49 313

⑨   28 534
    + 75 390

⑩   72 556
    + 60 810

⑪   36 720
    + 76 765

⑫   80 806
    + 34 674

⑬   83 965
    + 89 880

⑭   69 071
    + 81 892

⑮   21 118
    + 30 535

⑯   62 676
    + 54 823

⑰   88 946
    + 63 791

⑱   59 728
    + 71 644

⑲   56 173
    + 24 546

⑳   73 178
    + 49 169

Name: ______________________ Date: ____________

Day 39 | Written Addition

Time: :

Score: /20

Add the following numbers using the formal written method.

(1) 27 463 + 64 920	(2) 83 953 + 62 799	(3) 76 711 + 84 291	(4) 44 854 + 44 157
(5) 98 182 + 91 141	(6) 61 152 + 75 267	(7) 83 987 + 37 772	(8) 12 704 + 82 812
(9) 92 653 + 83 512	(10) 18 521 + 86 310	(11) 60 907 + 36 790	(12) 77 539 + 20 786
(13) 42 092 + 50 110	(14) 33 846 + 90 601	(15) 55 643 + 98 097	(16) 33 563 + 95 099
(17) 23 658 + 92 784	(18) 36 538 + 98 094	(19) 26 305 + 10 332	(20) 82 107 + 93 031

Name: ———————————— **Date:** ————————

Day 40 | **Written Addition** | Time: : | Score: /20

Add the following numbers using the formal written method.

① 　　91 287
　　+ 71 200

② 　　71 669
　　+ 48 655

③ 　　59 573
　　+ 89 568

④ 　　19 534
　　+ 50 804

⑤ 　　83 448
　　+ 21 041

⑥ 　　84 753
　　+ 44 507

⑦ 　　11 050
　　+ 40 721

⑧ 　　83 391
　　+ 46 649

⑨ 　　56 232
　　+ 17 436

⑩ 　　35 188
　　+ 59 697

⑪ 　　50 650
　　+ 17 016

⑫ 　　19 273
　　+ 24 263

⑬ 　　82 951
　　+ 10 566

⑭ 　　55 106
　　+ 44 220

⑮ 　　47 812
　　+ 70 354

⑯ 　　36 703
　　+ 21 062

⑰ 　　97 204
　　+ 78 768

⑱ 　　50 550
　　+ 51 639

⑲ 　　42 610
　　+ 81 326

⑳ 　　34 551
　　+ 92 138

Name: ———————————— **Date:** ————————

Time: :

Score: /20

Day 41

Written Addition

Add the following numbers using the formal written method.

①   24 668
 + 14 652

②   98 519
 + 44 675

③   70 803
 + 69 292

④   73 658
 + 68 844

⑤   62 709
 + 75 292

⑥   46 148
 + 66 958

⑦   13 736
 + 53 259

⑧   72 260
 + 63 012

⑨   43 969
 + 78 641

⑩   72 899
 + 22 113

⑪   81 410
 + 90 973

⑫   94 402
 + 22 396

⑬   97 370
 + 93 327

⑭   26 233
 + 44 725

⑮   78 597
 + 17 381

⑯   64 081
 + 56 165

⑰   36 687
 + 46 049

⑱   92 422
 + 79 992

⑲   10 635
 + 59 555

⑳   51 639
 + 44 955

Name: ______________________ Date: __________

Time: :

Score: /20

Day 42 — Written Addition

Add the following numbers using the formal written method.

(1) 76 199 + 61 873	(2) 80 950 + 85 652	(3) 21 277 + 66 171	(4) 76 687 + 23 188
(5) 59 798 + 64 913	(6) 67 874 + 47 300	(7) 74 340 + 52 050	(8) 60 398 + 70 400
(9) 19 931 + 67 592	(10) 97 579 + 66 759	(11) 46 443 + 90 322	(12) 81 120 + 35 613
(13) 89 944 + 14 939	(14) 55 636 + 49 783	(15) 71 572 + 61 459	(16) 58 594 + 31 838
(17) 98 147 + 96 111	(18) 20 991 + 86 522	(19) 84 853 + 32 224	(20) 91 472 + 41 031

Name: ______________________ Date: ______________

Day 43 | Written Addition

Time: :

Score: /20

Add the following numbers using the formal written method.

(1) 31 333 + 90 427	(2) 61 083 + 20 309	(3) 19 803 + 84 078	(4) 95 388 + 83 680
(5) 92 044 + 57 969	(6) 54 250 + 68 730	(7) 98 858 + 63 518	(8) 56 266 + 45 858
(9) 61 150 + 83 272	(10) 38 711 + 28 940	(11) 51 753 + 97 646	(12) 35 540 + 46 647
(13) 79 144 + 58 750	(14) 34 316 + 55 838	(15) 73 441 + 91 962	(16) 25 943 + 50 154
(17) 35 431 + 79 541	(18) 91 176 + 88 499	(19) 87 343 + 28 578	(20) 54 569 + 63 436

Name: ______________________ **Date:** ____________

Time: :

Score: /20

Day 44 — Written Addition

Add the following numbers using the formal written method.

(1) 38 916 + 50 003

(2) 48 251 + 86 501

(3) 25 177 + 90 982

(4) 83 811 + 89 269

(5) 61 373 + 43 065

(6) 54 696 + 72 870

(7) 52 066 + 43 323

(8) 77 891 + 20 664

(9) 34 745 + 31 939

(10) 18 349 + 74 358

(11) 91 714 + 98 688

(12) 40 753 + 66 662

(13) 32 509 + 91 233

(14) 53 786 + 68 994

(15) 71 245 + 30 783

(16) 87 582 + 76 215

(17) 11 741 + 33 561

(18) 38 187 + 68 182

(19) 33 987 + 70 061

(20) 39 339 + 16 192

Name: ______________________ Date: ______________

Time: :

Score: /20

Day 45 Written Subtraction

Subtract the following numbers using the formal written method.

(1) 56 - 20	(2) 49 - 18	(3) 53 - 32	(4) 85 - 11
(5) 79 - 21	(6) 69 - 48	(7) 76 - 65	(8) 62 - 22
(9) 76 - 75	(10) 42 - 26	(11) 88 - 88	(12) 88 - 31
(13) 57 - 21	(14) 90 - 37	(15) 84 - 40	(16) 74 - 72
(17) 83 - 55	(18) 84 - 15	(19) 41 - 14	(20) 55 - 18

Name: ______________________ Date: ______________

Time: :

Score: /20

Day 46 **Written Subtraction**

Subtract the following numbers using the formal written method.

(1) 94 - 44	(2) 92 - 78	(3) 89 - 53	(4) 84 - 56
(5) 82 - 57	(6) 63 - 15	(7) 73 - 32	(8) 69 - 57
(9) 63 - 37	(10) 70 - 59	(11) 74 - 63	(12) 70 - 65
(13) 92 - 48	(14) 59 - 24	(15) 88 - 82	(16) 66 - 13
(17) 59 - 21	(18) 93 - 90	(19) 63 - 47	(20) 89 - 65

Name: ______________________ **Date:** ____________

Time: :

Score: /20

Day 47

Written Subtraction

Subtract the following numbers using the formal written method.

(1) 76 - 32	(2) 97 - 86	(3) 81 - 14	(4) 33 - 28
(5) 47 - 21	(6) 62 - 49	(7) 96 - 28	(8) 44 - 23
(9) 53 - 24	(10) 67 - 63	(11) 92 - 54	(12) 95 - 38
(13) 84 - 10	(14) 81 - 13	(15) 87 - 50	(16) 84 - 34
(17) 74 - 32	(18) 52 - 51	(19) 88 - 69	(20) 80 - 34

Name: ______________________ Date: ____________

Time: :

Score: /20

Day 48 **Written Subtraction**

Subtract the following numbers using the formal written method.

(1) 57 - 55	(2) 85 - 79	(3) 81 - 15	(4) 75 - 48
(5) 62 - 58	(6) 88 - 73	(7) 76 - 21	(8) 49 - 13
(9) 96 - 75	(10) 74 - 69	(11) 70 - 53	(12) 37 - 23
(13) 98 - 32	(14) 71 - 58	(15) 47 - 37	(16) 90 - 18
(17) 87 - 80	(18) 35 - 16	(19) 97 - 53	(20) 78 - 58

Name: ______________________ **Date:** ______________

Day 49 **Written Subtraction**

Time: :

Score: /20

Subtract the following numbers using the formal written method.

(1) 233 - 10	(2) 886 - 84	(3) 728 - 81	(4) 183 - 70
(5) 914 - 71	(6) 573 - 30	(7) 997 - 76	(8) 721 - 98
(9) 968 - 93	(10) 204 - 89	(11) 898 - 16	(12) 733 - 96
(13) 882 - 23	(14) 561 - 72	(15) 281 - 65	(16) 355 - 53
(17) 879 - 75	(18) 458 - 62	(19) 523 - 87	(20) 976 - 66

Name: ______________________ Date: ____________

Time: :

Score: /20

Day 50 **Written Subtraction**

Subtract the following numbers using the formal written method.

(1) 799 - 64	(2) 155 - 82	(3) 718 - 29	(4) 241 - 69
(5) 206 - 74	(6) 453 - 25	(7) 278 - 74	(8) 263 - 28
(9) 896 - 52	(10) 199 - 98	(11) 253 - 75	(12) 139 - 51
(13) 192 - 56	(14) 923 - 41	(15) 356 - 72	(16) 511 - 11
(17) 941 - 43	(18) 619 - 68	(19) 565 - 94	(20) 406 - 64

Name: ______________________ Date: ____________

Time: :

Score: /20

Day 51 — Written Subtraction

Subtract the following numbers using the formal written method.

(1) 303 - 35	(2) 562 - 81	(3) 819 - 23	(4) 942 - 26
(5) 644 - 53	(6) 686 - 38	(7) 587 - 69	(8) 533 - 19
(9) 116 - 71	(10) 914 - 36	(11) 154 - 62	(12) 926 - 46
(13) 533 - 47	(14) 531 - 85	(15) 628 - 14	(16) 678 - 29
(17) 416 - 33	(18) 340 - 73	(19) 631 - 34	(20) 826 - 36

Name: ______________________ Date: ______________

Day 52 **Written Subtraction**

Time: :

Score: /20

Subtract the following numbers using the formal written method.

(1) 591 - 45	(2) 477 - 57	(3) 281 - 27	(4) 293 - 94
(5) 713 - 66	(6) 857 - 61	(7) 808 - 25	(8) 699 - 46
(9) 415 - 65	(10) 507 - 82	(11) 952 - 23	(12) 645 - 11
(13) 114 - 10	(14) 823 - 58	(15) 918 - 63	(16) 732 - 62
(17) 981 - 30	(18) 230 - 15	(19) 446 - 65	(20) 616 - 31

Name: ______________________ Date: ____________

Day 53	Written Subtraction	Time: :	Score: /20

Subtract the following numbers using the formal written method.

(1) 771 - 186	(2) 555 - 277	(3) 684 - 396	(4) 512 - 501
(5) 884 - 468	(6) 773 - 333	(7) 711 - 486	(8) 335 - 325
(9) 998 - 118	(10) 874 - 768	(11) 468 - 336	(12) 729 - 538
(13) 220 - 170	(14) 684 - 665	(15) 785 - 285	(16) 865 - 848
(17) 673 - 598	(18) 751 - 437	(19) 863 - 397	(20) 309 - 277

Name: ______________________ Date: ______________

Time: :

Score: /20

Day 54 **Written Subtraction**

Subtract the following numbers using the formal written method.

(1) 740 - 377	(2) 679 - 123	(3) 286 - 130	(4) 818 - 757
(5) 669 - 587	(6) 942 - 926	(7) 284 - 112	(8) 456 - 367
(9) 943 - 164	(10) 857 - 207	(11) 596 - 349	(12) 829 - 527
(13) 925 - 912	(14) 815 - 498	(15) 936 - 189	(16) 772 - 400
(17) 313 - 253	(18) 661 - 105	(19) 746 - 652	(20) 993 - 184

Name: ______________________ **Date:** ______________

Day 55 | Written Subtraction | Time: : | Score: /20

Subtract the following numbers using the formal written method.

(1) 840 - 226	(2) 920 - 303	(3) 846 - 394	(4) 441 - 219
(5) 975 - 765	(6) 904 - 107	(7) 519 - 362	(8) 800 - 188
(9) 788 - 195	(10) 557 - 177	(11) 161 - 104	(12) 937 - 914
(13) 928 - 482	(14) 908 - 716	(15) 525 - 472	(16) 784 - 217
(17) 823 - 661	(18) 722 - 260	(19) 954 - 382	(20) 978 - 746

Name: ____________________ **Date:** ____________

Time: : **Score:** /20

Day 56 — **Written Subtraction**

Subtract the following numbers using the formal written method.

(1) 708 - 186	(2) 908 - 595	(3) 955 - 714	(4) 765 - 406
(5) 948 - 594	(6) 295 - 200	(7) 773 - 452	(8) 639 - 312
(9) 756 - 144	(10) 868 - 371	(11) 920 - 720	(12) 983 - 838
(13) 608 - 286	(14) 579 - 444	(15) 917 - 591	(16) 723 - 620
(17) 631 - 357	(18) 611 - 231	(19) 957 - 721	(20) 203 - 115

Name: ____________________ Date: ____________

Day 57 | Written Subtraction

Time: :

Score: /20

Subtract the following numbers using the formal written method.

(1) 959 − 459	(2) 579 − 476	(3) 886 − 101	(4) 796 − 415
(5) 470 − 256	(6) 416 − 390	(7) 740 − 184	(8) 515 − 230
(9) 466 − 126	(10) 910 − 468	(11) 970 − 109	(12) 553 − 406
(13) 750 − 706	(14) 455 − 146	(15) 996 − 780	(16) 982 − 750
(17) 446 − 188	(18) 677 − 517	(19) 787 − 669	(20) 719 − 495

Name: ——————————— **Date:** ———————

| Day 58 | Written Subtraction | **Time:** : | **Score:** /20 |

Subtract the following numbers using the formal written method.

(1)　591
　　- 495

(2)　650
　　- 243

(3)　512
　　- 120

(4)　539
　　- 485

(5)　971
　　- 912

(6)　779
　　- 434

(7)　623
　　- 123

(8)　845
　　- 379

(9)　403
　　- 228

(10)　339
　　- 293

(11)　759
　　- 393

(12)　986
　　- 523

(13)　920
　　- 808

(14)　402
　　- 153

(15)　799
　　- 345

(16)　682
　　- 605

(17)　704
　　- 496

(18)　885
　　- 423

(19)　974
　　- 352

(20)　864
　　- 391

Name: ______________________ Date: ____________

Time: :

Score: /20

Day 59

Written Subtraction

Subtract the following numbers using the formal written method.

① 3 435 - 815	② 5 068 - 969	③ 7 630 - 301	④ 9 091 - 581
⑤ 2 956 - 103	⑥ 5 158 - 398	⑦ 5 939 - 481	⑧ 6 359 - 331
⑨ 6 548 - 476	⑩ 7 232 - 793	⑪ 2 457 - 557	⑫ 2 634 - 744
⑬ 9 666 - 861	⑭ 6 428 - 692	⑮ 9 478 - 168	⑯ 4 295 - 680
⑰ 7 497 - 566	⑱ 9 647 - 445	⑲ 8 889 - 326	⑳ 2 022 - 219

Name: ______________________ Date: ____________

Time: :

Score: /20

Day 60 Written Subtraction

Subtract the following numbers using the formal written method.

(1) 1 253 - 990	(2) 9 519 - 460	(3) 7 400 - 535	(4) 5 294 - 111
(5) 9 353 - 405	(6) 5 129 - 521	(7) 6 067 - 210	(8) 1 434 - 703
(9) 3 282 - 486	(10) 5 999 - 133	(11) 9 800 - 492	(12) 9 995 - 749
(13) 6 791 - 372	(14) 2 543 - 480	(15) 1 476 - 928	(16) 4 776 - 409
(17) 3 646 - 107	(18) 1 580 - 811	(19) 9 711 - 610	(20) 5 975 - 962

Name: ______________________ Date: ____________

Day 61 | Written Subtraction

Time: :

Score: /20

Subtract the following numbers using the formal written method.

(1) 3 968 - 347	(2) 9 822 - 482	(3) 2 553 - 207	(4) 3 368 - 349
(5) 7 051 - 916	(6) 4 226 - 340	(7) 8 309 - 133	(8) 7 202 - 832
(9) 5 704 - 937	(10) 7 117 - 821	(11) 5 582 - 234	(12) 7 960 - 388
(13) 3 304 - 784	(14) 3 837 - 438	(15) 8 640 - 166	(16) 1 938 - 144
(17) 9 107 - 807	(18) 6 256 - 625	(19) 3 633 - 264	(20) 1 202 - 146

Name: ————————————— **Date:** —————

Day 62 | **Written Subtraction** | Time: : | Score: /20

Subtract the following numbers using the formal written method.

① 　7 222
　- 　531

② 　6 057
　- 　334

③ 　3 194
　- 　865

④ 　9 234
　- 　153

⑤ 　5 357
　- 　981

⑥ 　4 430
　- 　845

⑦ 　8 235
　- 　407

⑧ 　2 862
　- 　325

⑨ 　3 779
　- 　350

⑩ 　3 836
　- 　986

⑪ 　5 777
　- 　508

⑫ 　6 303
　- 　220

⑬ 　2 325
　- 　700

⑭ 　6 984
　- 　857

⑮ 　4 718
　- 　362

⑯ 　1 517
　- 　419

⑰ 　4 556
　- 　737

⑱ 　7 018
　- 　442

⑲ 　8 762
　- 　892

⑳ 　8 245
　- 　253

Name: ______________________ Date: ____________

Time: :

Score: /20

Day 63

Written Subtraction

Subtract the following numbers using the formal written method.

(1) 6 837 - 237	(2) 6 569 - 816	(3) 2 455 - 192	(4) 7 052 - 232
(5) 4 737 - 562	(6) 8 915 - 754	(7) 9 435 - 968	(8) 8 088 - 568
(9) 9 785 - 412	(10) 5 323 - 864	(11) 6 023 - 742	(12) 4 127 - 217
(13) 9 474 - 256	(14) 2 774 - 432	(15) 9 516 - 203	(16) 8 964 - 581
(17) 7 180 - 858	(18) 2 577 - 561	(19) 3 132 - 364	(20) 4 822 - 418

Name: ______________________ Date: __________

Day 64 | Written Subtraction

Time: :

Score: /20

Subtract the following numbers using the formal written method.

(1) 1 054 - 135	(2) 5 370 - 152	(3) 7 327 - 831	(4) 7 304 - 572
(5) 4 791 - 284	(6) 2 224 - 170	(7) 2 733 - 245	(8) 7 522 - 751
(9) 1 417 - 278	(10) 1 628 - 441	(11) 7 400 - 543	(12) 1 076 - 766
(13) 7 101 - 242	(14) 8 089 - 957	(15) 9 391 - 232	(16) 3 983 - 128
(17) 6 540 - 372	(18) 6 749 - 623	(19) 7 747 - 101	(20) 8 612 - 779

Name: ____________________ Date: ____________

Day 65 | Written Subtraction | Time: : | Score: /20

Subtract the following numbers using the formal written method.

① 7 983 - 5 638	② 5 326 - 2 984	③ 4 129 - 2 053	④ 2 076 - 1 060
⑤ 2 866 - 2 337	⑥ 7 662 - 4 446	⑦ 4 708 - 4 439	⑧ 8 105 - 4 922
⑨ 5 220 - 3 753	⑩ 8 686 - 5 646	⑪ 7 622 - 1 119	⑫ 6 441 - 4 432
⑬ 7 509 - 6 083	⑭ 4 370 - 3 952	⑮ 9 065 - 2 755	⑯ 9 616 - 5 230
⑰ 4 925 - 2 178	⑱ 9 793 - 2 387	⑲ 9 944 - 5 486	⑳ 8 003 - 1 275

Name: ____________________ Date: __________

Time: :

Score: /20

Day 66 — **Written Subtraction**

Subtract the following numbers using the formal written method.

(1) 2 962 - 1 011	(2) 8 515 - 8 100	(3) 3 469 - 2 383	(4) 6 678 - 3 132
(5) 8 967 - 6 248	(6) 7 502 - 3 822	(7) 4 944 - 2 945	(8) 9 795 - 5 258
(9) 6 250 - 6 189	(10) 9 922 - 7 568	(11) 3 970 - 2 908	(12) 8 767 - 6 135
(13) 2 191 - 1 170	(14) 7 113 - 5 558	(15) 8 451 - 1 266	(16) 6 966 - 6 136
(17) 8 404 - 3 440	(18) 9 614 - 7 703	(19) 4 760 - 3 326	(20) 8 177 - 5 900

Name: ———————————————————— **Date:** ——————

Day 67 | **Written Subtraction** | Time: : | Score: /20

Subtract the following numbers using the formal written method.

①
```
   7 611
 - 6 910
```

②
```
   1 764
 - 1 318
```

③
```
   7 159
 - 3 910
```

④
```
   6 701
 - 1 596
```

⑤
```
   3 127
 - 2 475
```

⑥
```
   7 825
 - 6 298
```

⑦
```
   4 526
 - 2 741
```

⑧
```
   6 294
 - 3 044
```

⑨
```
   8 368
 - 1 764
```

⑩
```
   8 003
 - 4 156
```

⑪
```
   5 565
 - 3 584
```

⑫
```
   2 968
 - 1 275
```

⑬
```
   8 201
 - 7 516
```

⑭
```
   8 991
 - 6 615
```

⑮
```
   7 666
 - 4 923
```

⑯
```
   1 723
 - 1 002
```

⑰
```
   3 226
 - 3 211
```

⑱
```
   9 546
 - 8 970
```

⑲
```
   6 169
 - 3 293
```

⑳
```
   2 486
 - 1 613
```

Name: ______________________ Date: ____________

Time: :

Score: /20

Day 68

Written Subtraction

Subtract the following numbers using the formal written method.

(1) 7 959 - 3 967	(2) 5 172 - 4 195	(3) 7 403 - 3 447	(4) 8 107 - 1 614
(5) 7 550 - 1 661	(6) 8 540 - 3 398	(7) 9 191 - 3 541	(8) 9 161 - 2 739
(9) 8 121 - 7 446	(10) 9 803 - 9 490	(11) 9 401 - 5 159	(12) 6 671 - 1 995
(13) 8 964 - 7 298	(14) 3 399 - 2 202	(15) 5 654 - 5 006	(16) 7 872 - 3 321
(17) 8 648 - 6 499	(18) 3 967 - 1 826	(19) 9 076 - 4 567	(20) 9 352 - 7 249

Name: ______________________ Date: ____________

Day 69 | Written Subtraction

Time: :

Score: /20

Subtract the following numbers using the formal written method.

(1) 6 155 − 5 166	(2) 9 676 − 7 887	(3) 6 858 − 1 869	(4) 2 595 − 2 545
(5) 9 319 − 7 676	(6) 9 229 − 8 219	(7) 8 240 − 3 058	(8) 7 606 − 6 967
(9) 2 088 − 1 690	(10) 4 289 − 3 534	(11) 7 592 − 3 242	(12) 5 160 − 4 822
(13) 9 291 − 3 844	(14) 9 449 − 7 935	(15) 9 256 − 6 522	(16) 7 674 − 2 432
(17) 6 476 − 3 791	(18) 8 649 − 1 361	(19) 4 535 − 2 080	(20) 5 465 − 5 364

Name: ______________________ Date: ____________

Time: :

Score: /20

Day 70 **Written Subtraction**

Subtract the following numbers using the formal written method.

(1) 9 248 - 8 922	(2) 7 015 - 2 994	(3) 8 713 - 3 981	(4) 9 361 - 2 749
(5) 2 476 - 1 323	(6) 3 782 - 1 276	(7) 4 124 - 4 101	(8) 6 870 - 4 455
(9) 6 940 - 6 321	(10) 2 125 - 1 705	(11) 3 574 - 2 562	(12) 6 531 - 1 708
(13) 1 838 - 1 699	(14) 3 793 - 2 443	(15) 4 158 - 3 173	(16) 5 797 - 3 914
(17) 8 759 - 8 656	(18) 9 174 - 2 953	(19) 6 426 - 2 702	(20) 9 606 - 4 601

Name: ______________________ Date: ______________

Time:	Score:
:	/20

Day 71 Written Subtraction

Subtract the following numbers using the formal written method.

(1) 7 076 - 6 289	(2) 6 618 - 2 428	(3) 6 378 - 2 342	(4) 3 427 - 2 974
(5) 2 547 - 1 101	(6) 8 282 - 7 396	(7) 9 652 - 2 952	(8) 6 616 - 5 945
(9) 5 280 - 3 066	(10) 6 572 - 1 342	(11) 7 905 - 1 646	(12) 7 112 - 3 807
(13) 8 862 - 1 490	(14) 7 091 - 6 508	(15) 7 319 - 3 460	(16) 4 269 - 2 465
(17) 9 145 - 4 499	(18) 7 562 - 5 126	(19) 6 487 - 5 012	(20) 7 797 - 5 124

Name: ____________________ **Date:** ____________

Time: :

Score: /20

Day 72 | Written Subtraction

Subtract the following numbers using the formal written method.

(1) 4 240 - 3 369	(2) 7 243 - 5 260	(3) 9 314 - 1 610	(4) 5 955 - 3 676
(5) 4 473 - 3 460	(6) 7 267 - 1 240	(7) 9 618 - 5 942	(8) 8 176 - 6 768
(9) 8 837 - 8 327	(10) 5 107 - 4 628	(11) 7 767 - 4 815	(12) 8 866 - 6 104
(13) 4 752 - 1 603	(14) 4 607 - 1 160	(15) 9 571 - 3 307	(16) 4 765 - 1 987
(17) 3 556 - 2 678	(18) 8 502 - 6 664	(19) 8 755 - 7 104	(20) 7 880 - 5 725

Name: ______________________ Date: ____________

Day 73 | Written Subtraction

Time: :

Score: /20

Subtract the following numbers using the formal written method.

(1) 7 385 - 2 400	(2) 9 023 - 2 253	(3) 8 751 - 5 152	(4) 9 991 - 1 263
(5) 6 953 - 3 217	(6) 7 899 - 7 538	(7) 6 057 - 4 472	(8) 9 939 - 8 043
(9) 7 004 - 4 335	(10) 9 976 - 9 290	(11) 8 799 - 2 669	(12) 9 669 - 6 630
(13) 8 199 - 7 321	(14) 5 387 - 4 258	(15) 9 947 - 6 664	(16) 5 000 - 2 020
(17) 2 313 - 1 708	(18) 3 305 - 3 256	(19) 6 892 - 5 075	(20) 4 258 - 1 217

Name: ____________________ Date: ____________

Time: :

Score: /20

Day 74 | Written Subtraction

Subtract the following numbers using the formal written method.

① 8 371 − 7 184	② 6 355 − 4 861	③ 7 950 − 4 259	④ 8 548 − 4 960
⑤ 8 522 − 4 912	⑥ 4 183 − 3 534	⑦ 4 017 − 1 438	⑧ 9 004 − 1 513
⑨ 9 041 − 4 863	⑩ 9 154 − 5 009	⑪ 7 583 − 1 613	⑫ 4 812 − 2 320
⑬ 6 126 − 5 239	⑭ 9 856 − 6 507	⑮ 4 103 − 2 915	⑯ 8 549 − 4 685
⑰ 3 565 − 2 810	⑱ 9 466 − 2 273	⑲ 8 310 − 4 527	⑳ 7 132 − 5 448

Name: ______________________ Date: ______________

Day 75 | Written Subtraction | Time: : | Score: /20

Subtract the following numbers using the formal written method.

(1) 43 701 − 5 590	(2) 22 514 − 7 677	(3) 62 509 − 8 181	(4) 40 119 − 6 936
(5) 91 857 − 8 789	(6) 17 134 − 2 227	(7) 92 538 − 4 336	(8) 94 977 − 4 480
(9) 75 616 − 8 069	(10) 57 217 − 8 541	(11) 91 821 − 1 322	(12) 42 368 − 2 030
(13) 73 672 − 7 961	(14) 56 552 − 5 365	(15) 79 908 − 7 938	(16) 84 152 − 1 580
(17) 49 912 − 5 909	(18) 21 761 − 5 476	(19) 35 951 − 5 903	(20) 78 119 − 9 073

Name: —————————————————— **Date:** ———————

Day 76 **Written Subtraction** Time: : Score: /20

Subtract the following numbers using the formal written method.

① 24 914
  - 4 044

② 32 055
  - 1 664

③ 66 351
  - 4 858

④ 41 164
  - 3 917

⑤ 24 363
  - 9 602

⑥ 23 262
  - 8 627

⑦ 78 797
  - 6 046

⑧ 61 512
  - 4 860

⑨ 31 789
  - 4 537

⑩ 45 892
  - 2 234

⑪ 30 026
  - 1 211

⑫ 20 726
  - 5 512

⑬ 53 408
  - 3 728

⑭ 46 992
  - 8 448

⑮ 65 003
  - 9 032

⑯ 96 952
  - 5 703

⑰ 84 094
  - 3 663

⑱ 81 232
  - 1 536

⑲ 17 553
  - 5 526

⑳ 42 733
  - 1 157

Name: ______________________ Date: ______________

Written Subtraction

Time: :

Score: /20

Subtract the following numbers using the formal written method.

(1) 92 526 - 3 311	(2) 78 227 - 3 264	(3) 15 575 - 8 903	(4) 46 572 - 2 986
(5) 21 364 - 7 709	(6) 24 142 - 2 069	(7) 34 175 - 3 788	(8) 22 687 - 6 274
(9) 72 784 - 7 824	(10) 19 905 - 8 841	(11) 99 236 - 5 691	(12) 15 454 - 9 666
(13) 87 618 - 3 104	(14) 62 030 - 2 716	(15) 41 241 - 9 389	(16) 43 224 - 3 124
(17) 82 827 - 4 761	(18) 68 129 - 7 020	(19) 29 182 - 5 293	(20) 15 230 - 8 146

Name: ———————————————— **Date:** ——————

Day 78 | Written Subtraction | Time: : | Score: /20

Subtract the following numbers using the formal written method.

① 98 400
  - 5 152

② 58 925
  - 3 621

③ 35 573
  - 9 860

④ 17 894
  - 1 614

⑤ 88 720
  - 9 779

⑥ 43 912
  - 5 665

⑦ 40 897
  - 8 893

⑧ 71 708
  - 6 667

⑨ 24 521
  - 2 703

⑩ 56 267
  - 4 322

⑪ 54 747
  - 3 923

⑫ 97 893
  - 9 755

⑬ 46 400
  - 7 689

⑭ 19 407
  - 6 209

⑮ 34 467
  - 9 990

⑯ 67 425
  - 6 537

⑰ 22 379
  - 5 308

⑱ 70 364
  - 1 937

⑲ 32 391
  - 2 905

⑳ 24 750
  - 2 039

Name: ______________________ Date: ____________

Day 79 | Written Subtraction | Time: : | Score: /20

Subtract the following numbers using the formal written method.

(1) 19 826 - 12 265	(2) 96 575 - 25 326	(3) 62 335 - 33 298	(4) 69 626 - 10 503
(5) 55 869 - 44 139	(6) 71 894 - 25 957	(7) 85 531 - 21 256	(8) 71 050 - 46 930
(9) 70 909 - 22 234	(10) 37 560 - 19 722	(11) 84 088 - 74 054	(12) 59 699 - 54 345
(13) 30 376 - 10 056	(14) 81 387 - 75 686	(15) 65 681 - 58 891	(16) 78 181 - 71 223
(17) 62 388 - 57 392	(18) 70 037 - 62 545	(19) 98 087 - 73 825	(20) 95 872 - 66 036

Name: ______________________ Date: __________

Day 80 | Written Subtraction

Time: :

Score: /20

Subtract the following numbers using the formal written method.

(1) 68 114 - 18 453	(2) 96 248 - 92 439	(3) 71 152 - 45 405	(4) 80 544 - 67 730
(5) 60 664 - 40 855	(6) 70 020 - 36 406	(7) 78 783 - 40 220	(8) 52 409 - 25 626
(9) 78 450 - 32 296	(10) 86 358 - 80 237	(11) 94 875 - 73 132	(12) 79 445 - 17 956
(13) 41 926 - 37 259	(14) 48 432 - 26 960	(15) 40 167 - 13 566	(16) 96 551 - 58 248
(17) 81 370 - 14 247	(18) 78 429 - 48 089	(19) 39 569 - 31 753	(20) 46 180 - 33 623

Name: ———————————————— **Date:** ————————

Day 81   **Written Subtraction**   Time: :   Score: /20

Subtract the following numbers using the formal written method.

(1)   83 418
   - 34 461
   _____

(2)   81 732
   - 78 011
   _____

(3)   46 994
   - 14 877
   _____

(4)   78 006
   - 50 437
   _____

(5)   93 565
   - 14 903
   _____

(6)   55 204
   - 53 167
   _____

(7)   64 615
   - 52 530
   _____

(8)   88 822
   - 78 784
   _____

(9)   73 269
   - 25 196
   _____

(10)   38 642
   - 14 807
   _____

(11)   41 132
   - 28 039
   _____

(12)   91 017
   - 36 833
   _____

(13)   58 942
   - 17 057
   _____

(14)   92 734
   - 21 170
   _____

(15)   88 176
   - 13 523
   _____

(16)   64 530
   - 19 311
   _____

(17)   67 310
   - 18 691
   _____

(18)   79 256
   - 38 565
   _____

(19)   99 527
   - 62 810
   _____

(20)   43 310
   - 24 324
   _____

Name: ______________________ Date: ______________

Time: :

Score: /20

Day 82 **Written Subtraction**

Subtract the following numbers using the formal written method.

① 80 370 − 45 864	② 68 580 − 40 310	③ 74 057 − 72 881	④ 66 131 − 27 544
⑤ 77 251 − 51 310	⑥ 99 580 − 71 944	⑦ 99 663 − 69 635	⑧ 51 891 − 44 442
⑨ 96 323 − 46 341	⑩ 87 496 − 44 832	⑪ 94 572 − 42 934	⑫ 94 281 − 29 057
⑬ 92 562 − 85 968	⑭ 95 386 − 76 764	⑮ 79 555 − 27 983	⑯ 51 838 − 23 476
⑰ 99 418 − 14 348	⑱ 95 114 − 35 076	⑲ 30 919 − 20 359	⑳ 73 240 − 62 400

Name: ____________________ Date: ____________

Day 83

Written Subtraction

Time: :

Score: /20

Subtract the following numbers using the formal written method.

(1) 62 175 - 13 805	(2) 63 093 - 25 165	(3) 89 402 - 16 618	(4) 77 035 - 56 490
(5) 87 077 - 18 562	(6) 71 164 - 55 520	(7) 16 608 - 10 215	(8) 45 971 - 43 356
(9) 81 930 - 64 871	(10) 72 819 - 40 833	(11) 84 570 - 57 538	(12) 76 208 - 12 499
(13) 87 066 - 64 062	(14) 73 690 - 10 393	(15) 79 193 - 75 795	(16) 91 351 - 52 230
(17) 63 446 - 21 599	(18) 59 642 - 15 842	(19) 92 087 - 25 573	(20) 53 766 - 11 076

Name: ______________________ Date: ______________

Time: :

Score: /20

Day 84 Written Subtraction

Subtract the following numbers using the formal written method.

(1) 96 287 - 63 336	(2) 68 616 - 12 315	(3) 80 631 - 26 472	(4) 71 111 - 64 906
(5) 93 387 - 71 519	(6) 69 698 - 34 527	(7) 46 973 - 46 712	(8) 78 268 - 14 231
(9) 51 346 - 34 014	(10) 93 300 - 62 999	(11) 86 277 - 35 479	(12) 39 404 - 18 683
(13) 92 148 - 80 432	(14) 24 132 - 19 793	(15) 64 007 - 22 213	(16) 75 125 - 27 846
(17) 71 605 - 40 388	(18) 65 077 - 33 754	(19) 89 043 - 48 680	(20) 29 630 - 22 523

Day 85 | Estimation and Inverse Operations | Time: : | Score: /20

Workout the missing numbers.

(1) 22 + ____ = 24	(2) 42 + ____ = 45
(3) 66 + ____ = 76	(4) 46 + ____ = 54
(5) 35 + ____ = 44	(6) 43 + ____ = 52
(7) 85 + ____ = 93	(8) 64 + ____ = 68
(9) 72 + ____ = 81	(10) 69 + ____ = 78
(11) 79 + ____ = 81	(12) 66 + ____ = 73
(13) 28 + ____ = 35	(14) 99 + ____ = 104
(15) 77 + ____ = 86	(16) 96 + ____ = 100
(17) 84 + ____ = 88	(18) 24 + ____ = 28
(19) 82 + ____ = 92	(20) 33 + ____ = 35

Day 86 **Estimation and Inverse Operations**

Workout the missing numbers.

(1) 40 + ____ = 46	(2) 19 + ____ = 27
(3) 78 + ____ = 87	(4) 82 + ____ = 91
(5) 83 + ____ = 86	(6) 93 + ____ = 97
(7) 53 + ____ = 55	(8) 81 + ____ = 84
(9) 46 + ____ = 54	(10) 93 + ____ = 103
(11) 96 + ____ = 106	(12) 15 + ____ = 20
(13) 95 + ____ = 98	(14) 10 + ____ = 17
(15) 67 + ____ = 72	(16) 48 + ____ = 56
(17) 62 + ____ = 69	(18) 57 + ____ = 61
(19) 91 + ____ = 100	(20) 85 + ____ = 90

Day 87 **Estimation and Inverse Operations**

Time: :

Score: /20

Workout the missing numbers.

(1) 23 - ___ = 20	(2) 31 - ___ = 23
(3) 19 - ___ = 15	(4) 53 - ___ = 46
(5) 34 - ___ = 26	(6) 34 - ___ = 29
(7) 65 - ___ = 59	(8) 98 - ___ = 92
(9) 56 - ___ = 53	(10) 41 - ___ = 32
(11) 34 - ___ = 27	(12) 72 - ___ = 65
(13) 90 - ___ = 85	(14) 15 - ___ = 7
(15) 24 - ___ = 18	(16) 29 - ___ = 26
(17) 30 - ___ = 23	(18) 92 - ___ = 85
(19) 26 - ___ = 21	(20) 68 - ___ = 65

Name: ______________________ Date: ____________

Time: :

Score: /20

Day 88 Estimation and Inverse Operations

Workout the missing numbers.

1. 42 - ___ = 36
2. 65 - ___ = 62
3. 10 - ___ = 6
4. 62 - ___ = 54
5. 89 - ___ = 81
6. 44 - ___ = 38
7. 68 - ___ = 65
8. 89 - ___ = 84
9. 50 - ___ = 44
10. 96 - ___ = 90
11. 29 - ___ = 23
12. 63 - ___ = 56
13. 63 - ___ = 60
14. 22 - ___ = 13
15. 63 - ___ = 59
16. 46 - ___ = 44
17. 54 - ___ = 50
18. 61 - ___ = 55
19. 15 - ___ = 10
20. 73 - ___ = 67

Day 89 **Estimation and Inverse Operations**

Score: /20

Workout the missing numbers.

(1) 445 + ____ = 486	(2) 128 + ____ = 157
(3) 521 + ____ = 540	(4) 383 + ____ = 415
(5) 252 + ____ = 296	(6) 498 + ____ = 544
(7) 140 + ____ = 166	(8) 354 + ____ = 408
(9) 552 + ____ = 563	(10) 272 + ____ = 299
(11) 422 + ____ = 447	(12) 297 + ____ = 310
(13) 553 + ____ = 572	(14) 524 + ____ = 568
(15) 546 + ____ = 584	(16) 443 + ____ = 456
(17) 162 + ____ = 176	(18) 312 + ____ = 343
(19) 159 + ____ = 188	(20) 336 + ____ = 367

Day 90 | Estimation and Inverse Operations

Workout the missing numbers.

① 448 + _____ = 486	② 534 + _____ = 581
③ 241 + _____ = 291	④ 440 + _____ = 479
⑤ 312 + _____ = 334	⑥ 368 + _____ = 413
⑦ 185 + _____ = 240	⑧ 248 + _____ = 271
⑨ 490 + _____ = 544	⑩ 238 + _____ = 260
⑪ 254 + _____ = 305	⑫ 348 + _____ = 392
⑬ 377 + _____ = 425	⑭ 483 + _____ = 524
⑮ 234 + _____ = 245	⑯ 338 + _____ = 378
⑰ 363 + _____ = 377	⑱ 431 + _____ = 467
⑲ 541 + _____ = 590	⑳ 503 + _____ = 542

Name: ______________________ Date: ____________

Time: :

Score: /20

Day 91 **Estimation and Inverse Operations**

Workout the missing numbers.

① 346 + ____ = 389

② 232 + ____ = 246

③ 339 + ____ = 370

④ 533 + ____ = 580

⑤ 326 + ____ = 355

⑥ 374 + ____ = 387

⑦ 215 + ____ = 237

⑧ 278 + ____ = 326

⑨ 138 + ____ = 157

⑩ 199 + ____ = 230

⑪ 124 + ____ = 137

⑫ 255 + ____ = 285

⑬ 442 + ____ = 494

⑭ 191 + ____ = 206

⑮ 223 + ____ = 266

⑯ 246 + ____ = 301

⑰ 142 + ____ = 181

⑱ 427 + ____ = 465

⑲ 387 + ____ = 418

⑳ 202 + ____ = 218

Time: :

Score: /20

Day 92 **Estimation and Inverse Operations**

Workout the missing numbers.

(1) 323 + ____ = 353	(2) 488 + ____ = 531
(3) 546 + ____ = 583	(4) 175 + ____ = 225
(5) 221 + ____ = 233	(6) 186 + ____ = 202
(7) 554 + ____ = 600	(8) 195 + ____ = 233
(9) 201 + ____ = 218	(10) 149 + ____ = 176
(11) 299 + ____ = 341	(12) 378 + ____ = 424
(13) 282 + ____ = 295	(14) 393 + ____ = 447
(15) 276 + ____ = 324	(16) 535 + ____ = 587
(17) 151 + ____ = 185	(18) 206 + ____ = 253
(19) 111 + ____ = 156	(20) 431 + ____ = 459

Day 93 | Estimation and Inverse Operations

Time: :

Score: /20

Workout the missing numbers.

① 360 - ____ = 333

② 321 - ____ = 271

③ 516 - ____ = 496

④ 133 - ____ = 37

⑤ 637 - ____ = 632

⑥ 316 - ____ = 225

⑦ 844 - ____ = 791

⑧ 691 - ____ = 658

⑨ 604 - ____ = 594

⑩ 544 - ____ = 500

⑪ 879 - ____ = 856

⑫ 287 - ____ = 203

⑬ 709 - ____ = 669

⑭ 679 - ____ = 609

⑮ 168 - ____ = 90

⑯ 674 - ____ = 599

⑰ 132 - ____ = 79

⑱ 557 - ____ = 504

⑲ 967 - ____ = 931

⑳ 839 - ____ = 794

Time: :

Score: /20

Day 94 **Estimation and Inverse Operations**

Workout the missing numbers.

(1) 921 - ____ = 841	(2) 279 - ____ = 241
(3) 259 - ____ = 192	(4) 215 - ____ = 167
(5) 692 - ____ = 610	(6) 721 - ____ = 655
(7) 581 - ____ = 530	(8) 209 - ____ = 200
(9) 145 - ____ = 104	(10) 839 - ____ = 830
(11) 583 - ____ = 548	(12) 905 - ____ = 825
(13) 452 - ____ = 403	(14) 892 - ____ = 861
(15) 117 - ____ = 102	(16) 416 - ____ = 394
(17) 337 - ____ = 330	(18) 566 - ____ = 558
(19) 115 - ____ = 32	(20) 702 - ____ = 699

Day 95 | Estimation and Inverse Operations

Time: :

Score: /20

Workout the missing numbers.

1. 798 - ____ = 735
2. 253 - ____ = 228
3. 937 - ____ = 863
4. 765 - ____ = 727
5. 540 - ____ = 529
6. 582 - ____ = 580
7. 727 - ____ = 706
8. 933 - ____ = 919
9. 223 - ____ = 192
10. 425 - ____ = 333
11. 106 - ____ = 83
12. 467 - ____ = 458
13. 483 - ____ = 438
14. 577 - ____ = 496
15. 711 - ____ = 680
16. 593 - ____ = 567
17. 680 - ____ = 587
18. 851 - ____ = 770
19. 889 - ____ = 790
20. 539 - ____ = 485

Name: ____________________ Date: __________

Time: :

Score: /20

Day 96

Estimation and Inverse Operations

Workout the missing numbers.

1. 291 - ____ = 236
2. 255 - ____ = 170
3. 591 - ____ = 521
4. 707 - ____ = 617
5. 877 - ____ = 792
6. 985 - ____ = 920
7. 549 - ____ = 546
8. 528 - ____ = 471
9. 299 - ____ = 287
10. 829 - ____ = 779
11. 294 - ____ = 203
12. 721 - ____ = 700
13. 594 - ____ = 564
14. 422 - ____ = 347
15. 423 - ____ = 410
16. 321 - ____ = 306
17. 830 - ____ = 748
18. 744 - ____ = 698
19. 137 - ____ = 81
20. 570 - ____ = 497

Day 97 | Estimation and Inverse Operations

Time: :

Score: /20

Estimate the sum or difference by rounding each number to the nearest ten.

(1) 15 + 94 = _____

(2) 14 + 35 = _____

(3) 46 - 41 = _____

(4) 49 - 13 = _____

(5) 44 + 57 = _____

(6) 93 - 82 = _____

(7) 75 - 51 = _____

(8) 58 + 29 = _____

(9) 79 - 74 = _____

(10) 55 - 47 = _____

(11) 54 + 69 = _____

(12) 42 - 26 = _____

(13) 67 + 19 = _____

(14) 23 + 64 = _____

(15) 93 - 73 = _____

(16) 45 + 24 = _____

(17) 82 - 33 = _____

(18) 37 + 26 = _____

(19) 78 + 87 = _____

(20) 86 + 44 = _____

Name: ______________________ Date: ____________

Day 98 | Estimation and Inverse Operations

Time: :

Score: /20

Estimate the sum or difference by rounding each number to the nearest ten.

(1) 38 - 25 = _____

(2) 88 - 11 = _____

(3) 61 + 66 = _____

(4) 67 + 55 = _____

(5) 46 + 77 = _____

(6) 62 + 33 = _____

(7) 56 - 42 = _____

(8) 65 - 64 = _____

(9) 29 + 86 = _____

(10) 72 - 23 = _____

(11) 28 + 37 = _____

(12) 21 - 15 = _____

(13) 59 + 22 = _____

(14) 76 - 54 = _____

(15) 39 - 34 = _____

(16) 46 + 17 = _____

(17) 85 + 76 = _____

(18) 23 + 83 = _____

(19) 52 - 14 = _____

(20) 84 - 12 = _____

Name: ____________ Date: ____________

Time: :

Score: /20

Day 99 Estimation and Inverse Operations

Estimate the sum or difference by rounding each number to the nearest hundred.

(1) 119+ 756 = _____	(2) 911 - 158 = _____
(3) 176+ 595 = _____	(4) 864+ 946 = _____
(5) 822 - 238 = _____	(6) 856 - 458 = _____
(7) 439 - 286 = _____	(8) 425+ 171 = _____
(9) 924+ 183 = _____	(10) 333+ 582 = _____
(11) 689 - 541 = _____	(12) 614 - 377 = _____
(13) 494 - 454 = _____	(14) 842+ 475 = _____
(15) 484 - 235 = _____	(16) 491 - 486 = _____
(17) 377 - 188 = _____	(18) 933+ 778 = _____
(19) 194+ 381 = _____	(20) 421 - 142 = _____

Name: ______________ Date: __________

Time: :

Score: /20

Day 100 Estimation and Inverse Operations

Estimate the sum or difference by rounding each number to the nearest hundred.

(1) 556 + 477 = _____

(2) 493 + 682 = _____

(3) 829 + 814 = _____

(4) 922 - 227 = _____

(5) 811 - 117 = _____

(6) 757 - 437 = _____

(7) 912 - 496 = _____

(8) 541 + 812 = _____

(9) 766 - 652 = _____

(10) 722 - 176 = _____

(11) 625 + 434 = _____

(12) 426 + 439 = _____

(13) 791 - 421 = _____

(14) 741 + 828 = _____

(15) 527 + 741 = _____

(16) 924 + 687 = _____

(17) 175 + 947 = _____

(18) 882 - 229 = _____

(19) 264 + 762 = _____

(20) 779 + 614 = _____

Answers

y 1

15	(2)	68	(3)	60	(4)	52	(5)	20	(6)	47	(7)	18	(8)	56	(9)	47	(10)	48
+ 68		+ 93		+ 52		+ 85		+ 22		+ 54		+ 26		+ 67		+ 30		+ 97
83		161		112		137		42		101		44		123		77		145
72	(12)	46	(13)	90	(14)	42	(15)	76	(16)	64	(17)	94	(18)	75	(19)	86	(20)	10
+ 42		+ 75		+ 54		+ 86		+ 69		+ 69		+ 95		+ 94		+ 25		+ 58
114		121		144		128		145		133		189		169		111		68

y 2

78	(2)	25	(3)	79	(4)	73	(5)	95	(6)	52	(7)	27	(8)	71	(9)	81	(10)	16
+ 12		+ 34		+ 77		+ 72		+ 64		+ 21		+ 76		+ 60		+ 75		+ 65
90		59		156		145		159		73		103		131		156		81
98	(12)	52	(13)	83	(14)	12	(15)	14	(16)	53	(17)	87	(18)	80	(19)	57	(20)	52
+ 32		+ 57		+ 37		+ 51		+ 82		+ 19		+ 35		+ 18		+ 11		+ 79
130		109		120		63		96		72		122		98		68		131

y 3

69	(2)	61	(3)	90	(4)	15	(5)	98	(6)	57	(7)	35	(8)	33	(9)	20	(10)	69
+ 63		+ 74		+ 79		+ 18		+ 35		+ 85		+ 67		+ 21		+ 63		+ 59
132		135		169		33		133		142		102		54		83		128
81	(12)	37	(13)	50	(14)	78	(15)	91	(16)	25	(17)	23	(18)	11	(19)	12	(20)	52
+ 25		+ 59		+ 26		+ 78		+ 88		+ 16		+ 68		+ 30		+ 29		+ 46
106		96		76		156		179		41		91		41		41		98

y 4

95	(2)	90	(3)	33	(4)	37	(5)	69	(6)	68	(7)	76	(8)	61	(9)	32	(10)	30
+ 99		+ 45		+ 82		+ 64		+ 15		+ 36		+ 39		+ 82		+ 39		+ 49
194		135		115		101		84		104		115		143		71		79
17	(12)	40	(13)	38	(14)	28	(15)	87	(16)	20	(17)	95	(18)	29	(19)	38	(20)	27
+ 15		+ 97		+ 52		+ 14		+ 91		+ 72		+ 42		+ 56		+ 50		+ 93
32		137		90		42		178		92		137		85		88		120

5

424	(2)	655	(3)	590	(4)	173	(5)	890	(6)	328	(7)	944	(8)	263	(9)	904	(10)	874
+ 98		+ 93		+ 52		+ 60		+ 68		+ 13		+ 69		+ 13		+ 16		+ 26
522		748		642		233		958		341		1 013		276		920		900
747	(12)	557	(13)	975	(14)	199	(15)	657	(16)	611	(17)	857	(18)	169	(19)	727	(20)	952
+ 90		+ 77		+ 45		+ 16		+ 80		+ 17		+ 60		+ 94		+ 18		+ 77
837		634		1 020		215		737		628		917		263		745		1 029

6

495	(2)	484	(3)	124	(4)	212	(5)	234	(6)	228	(7)	837	(8)	389	(9)	331	(10)	915
+ 78		+ 43		+ 97		+ 63		+ 55		+ 85		+ 92		+ 28		+ 64		+ 30
573		527		221		275		289		313		929		417		395		945
589	(12)	678	(13)	386	(14)	791	(15)	744	(16)	270	(17)	700	(18)	235	(19)	926	(20)	607
+ 42		+ 80		+ 42		+ 79		+ 23		+ 20		+ 98		+ 15		+ 45		+ 83
631		758		428		870		767		290		798		250		971		690

7

630	(2)	274	(3)	361	(4)	517	(5)	350	(6)	285	(7)	197	(8)	511	(9)	274	(10)	852
+ 53		+ 87		+ 98		+ 62		+ 51		+ 83		+ 84		+ 36		+ 28		+ 18
683		361		459		579		401		368		281		547		302		870
208	(12)	734	(13)	679	(14)	299	(15)	822	(16)	948	(17)	660	(18)	959	(19)	125	(20)	274
+ 71		+ 11		+ 90		+ 67		+ 71		+ 38		+ 52		+ 51		+ 94		+ 95
279		745		769		366		893		986		712		1 010		219		369

Day 8

1	2	3	4	5	6	7	8	9	10
959	463	273	252	670	935	502	748	647	5
+ 80	+ 75	+ 58	+ 28	+ 14	+ 15	+ 32	+ 59	+ 21	+
1 039	538	331	280	684	950	534	807	668	6

11	12	13	14	15	16	17	18	19	20
237	530	264	519	911	997	223	827	726	3
+ 32	+ 16	+ 18	+ 27	+ 89	+ 86	+ 69	+ 62	+ 86	+
269	546	282	546	1 000	1 083	292	889	812	3

Day 9

1	2	3	4	5	6	7	8	9	10
490	784	950	482	771	346	397	435	951	8
+ 331	+ 839	+ 377	+ 690	+ 906	+ 493	+ 815	+ 664	+ 590	+ 4
821	1 623	1 327	1 172	1 677	839	1 212	1 099	1 541	1

11	12	13	14	15	16	17	18	19	20
105	593	260	607	543	430	907	440	742	6
+ 377	+ 118	+ 640	+ 265	+ 614	+ 181	+ 415	+ 820	+ 487	+ 2
482	711	900	872	1 157	611	1 322	1 260	1 229	

Day 10

1	2	3	4	5	6	7	8	9	10
222	262	582	479	618	715	215	852	710	
+ 382	+ 314	+ 437	+ 297	+ 258	+ 956	+ 825	+ 293	+ 596	+ 9
604	576	1 019	776	876	1 671	1 040	1 145	1 306	1

11	12	13	14	15	16	17	18	19	20
742	735	760	164	514	844	531	203	761	
+ 581	+ 806	+ 242	+ 263	+ 282	+ 943	+ 542	+ 652	+ 290	+
1 323	1 541	1 002	427	796	1 787	1 073	855	1 051	

Day 11

1	2	3	4	5	6	7	8	9	10
682	340	396	103	825	706	811	776	721	
+ 497	+ 656	+ 947	+ 749	+ 844	+ 136	+ 789	+ 424	+ 220	+
1 179	996	1 343	852	1 669	842	1 600	1 200	941	

11	12	13	14	15	16	17	18	19	20
726	646	391	600	659	307	917	166	654	
+ 204	+ 307	+ 707	+ 632	+ 982	+ 822	+ 661	+ 709	+ 539	+
930	953	1 098	1 232	1 641	1 129	1 578	875	1 193	

Day 12

1	2	3	4	5	6	7	8	9	10
791	217	261	301	871	951	349	813	703	
+ 744	+ 678	+ 350	+ 645	+ 790	+ 692	+ 608	+ 324	+ 120	+
1 535	895	611	946	1 661	1 643	957	1 137	823	1

11	12	13	14	15	16	17	18	19	20
395	267	207	622	796	615	954	130	771	
+ 645	+ 154	+ 965	+ 764	+ 795	+ 356	+ 768	+ 741	+ 342	+
1 040	421	1 172	1 386	1 591	971	1 722	871	1 113	1

Day 13

1	2	3	4	5	6	7	8	9	10
279	235	361	762	910	248	830	891	793	
+ 426	+ 277	+ 594	+ 886	+ 237	+ 597	+ 266	+ 738	+ 819	+
705	512	955	1 648	1 147	845	1 096	1 629	1 612	

11	12	13	14	15	16	17	18	19	20
704	351	188	391	268	341	311	894	961	
+ 683	+ 228	+ 810	+ 127	+ 814	+ 429	+ 895	+ 472	+ 611	+
1 387	579	998	518	1 082	770	1 206	1 366	1 572	

Day 14

1	2	3	4	5	6	7	8	9	10
780	417	532	902	910	400	590	708	827	
+ 538	+ 137	+ 473	+ 760	+ 648	+ 801	+ 918	+ 637	+ 975	+
1 318	554	1 005	1 662	1 558	1 201	1 508	1 345	1 802	

11	12	13	14	15	16	17	18	19	20
783	690	345	493	296	565	473	324	396	
+ 250	+ 386	+ 454	+ 996	+ 274	+ 675	+ 893	+ 152	+ 901	+
1 033	1 076	799	1 489	570	1 240	1 366	476	1 297	

Day 15

(1) 9 875 + 269 = 10 144	(2) 1 327 + 868 = 2 195	(3) 5 805 + 803 = 6 608	(4) 2 999 + 886 = 3 885	(5) 3 499 + 406 = 3 905	(6) 1 629 + 487 = 2 116	(7) 9 736 + 988 = 10 724	(8) 4 382 + 381 = 4 763
(9) 6 842 + 948 = 7 790	(10) 2 574 + 803 = 3 377	(11) 7 210 + 266 = 7 476	(12) 2 883 + 842 = 3 725	(13) 6 513 + 332 = 6 845	(14) 7 358 + 734 = 8 092	(15) 1 168 + 741 = 1 909	(16) 5 824 + 552 = 6 376
(17) 9 124 + 327 = 9 451	(18) 6 325 + 175 = 6 500	(19) 7 184 + 365 = 7 549	(20) 8 875 + 944 = 9 819				

Day 16

(1) 1 450 + 320 = 1 770	(2) 8 955 + 922 = 9 877	(3) 3 007 + 106 = 3 113	(4) 6 113 + 281 = 6 394	(5) 8 114 + 778 = 8 892	(6) 7 202 + 486 = 7 688	(7) 2 321 + 332 = 2 653	(8) 8 601 + 230 = 8 831
(9) 9 507 + 812 = 10 319	(10) 6 877 + 110 = 6 987	(11) 6 361 + 535 = 6 896	(12) 4 432 + 203 = 4 635	(13) 5 265 + 245 = 5 510	(14) 3 715 + 921 = 4 636	(15) 4 652 + 659 = 5 311	(16) 5 849 + 368 = 6 217
(17) 1 207 + 277 = 1 484	(18) 8 038 + 362 = 8 400	(19) 6 477 + 689 = 7 166	(20) 1 896 + 373 = 2 269				

Day 17

(1) 2 021 + 867 = 2 888	(2) 6 553 + 317 = 6 870	(3) 8 689 + 370 = 9 059	(4) 6 106 + 270 = 6 376	(5) 9 013 + 914 = 9 927	(6) 8 681 + 150 = 8 831	(7) 7 589 + 395 = 7 984	(8) 5 245 + 507 = 5 752
(9) 7 671 + 966 = 8 637	(10) 3 168 + 458 = 3 626	(11) 4 597 + 398 = 4 995	(12) 2 927 + 449 = 3 376	(13) 5 213 + 679 = 5 892	(14) 1 157 + 429 = 1 586	(15) 3 733 + 548 = 4 281	(16) 1 030 + 641 = 1 671
(17) 6 966 + 984 = 7 950	(18) 7 275 + 491 = 7 766	(19) 1 064 + 298 = 1 362	(20) 4 598 + 946 = 5 544				

Day 18

(1) 5 617 + 446 = 6 063	(2) 2 335 + 736 = 3 071	(3) 7 469 + 589 = 8 058	(4) 6 593 + 642 = 7 235	(5) 5 046 + 144 = 5 190	(6) 1 587 + 376 = 1 963	(7) 6 163 + 724 = 6 887	(8) 9 644 + 238 = 9 882
(9) 7 456 + 865 = 8 321	(10) 9 030 + 469 = 9 499	(11) 6 166 + 675 = 6 841	(12) 8 154 + 855 = 9 009	(13) 2 589 + 874 = 3 463	(14) 6 596 + 262 = 6 858	(15) 6 335 + 435 = 6 770	(16) 7 024 + 309 = 7 333
(17) 1 319 + 981 = 2 300	(18) 6 349 + 922 = 7 271	(19) 6 124 + 526 = 6 650	(20) 3 078 + 343 = 3 421				

Day 19

(1) 1 704 + 685 = 2 389	(2) 5 176 + 763 = 5 939	(3) 9 901 + 951 = 10 852	(4) 6 456 + 722 = 7 178	(5) 8 932 + 873 = 9 805	(6) 9 604 + 215 = 9 819	(7) 9 179 + 139 = 9 318	(8) 5 766 + 204 = 5 970
(9) 3 055 + 819 = 3 874	(10) 8 984 + 361 = 9 345	(11) 1 815 + 142 = 1 957	(12) 2 821 + 276 = 3 097	(13) 4 004 + 966 = 4 970	(14) 5 167 + 426 = 5 593	(15) 3 061 + 274 = 3 335	(16) 5 063 + 170 = 5 233
(17) 4 464 + 212 = 4 676	(18) 8 487 + 422 = 8 909	(19) 7 093 + 904 = 7 997	(20) 5 817 + 681 = 6 498				

Day 20

| (1) 3 023 + 853 = 3 876 | (2) 6 558 + 568 = 7 126 | (3) 7 673 + 538 = 8 211 | (4) 9 885 + 836 = 10 721 | (5) 2 510 + 699 = 3 209 | (6) 1 417 + 662 = 2 079 | (7) 6 736 + 674 = 7 410 | (8) 4 82_ + 64_ = 5 46_ |

| (9) 6 386 + 681 = 7 067 | (10) 7 437 + 211 = 7 648 | (11) 6 338 + 479 = 6 817 | (12) 3 818 + 793 = 4 611 | (13) 4 232 + 627 = 4 859 | (14) 6 723 + 549 = 7 272 | (15) 7 391 + 942 = 8 333 | (16) 8 46_ + 91_ = 9 38_ |

| (17) 2 400 + 743 = 3 143 | (18) 5 332 + 119 = 5 451 | (19) 4 607 + 643 = 5 250 | (20) 3 059 + 996 = 4 055 |

Day 21

| (1) 7 396 + 4 431 = 11 827 | (2) 1 996 + 1 805 = 3 801 | (3) 5 579 + 5 328 = 10 907 | (4) 9 565 + 7 041 = 16 606 | (5) 3 409 + 5 205 = 8 614 | (6) 8 083 + 5 619 = 13 702 | (7) 9 824 + 4 328 = 14 152 | (8) 3 2_ + 9 4_ = 12 7_ |

| (9) 8 170 + 4 534 = 12 704 | (10) 6 922 + 6 287 = 13 209 | (11) 1 279 + 4 286 = 5 565 | (12) 3 877 + 5 298 = 9 175 | (13) 5 755 + 1 291 = 7 046 | (14) 9 189 + 4 257 = 13 446 | (15) 5 327 + 8 415 = 13 742 | (16) 9 4_ + 8 3_ = 17 8_ |

| (17) 4 949 + 8 606 = 13 555 | (18) 7 361 + 2 988 = 10 349 | (19) 2 284 + 3 908 = 6 192 | (20) 4 938 + 1 275 = 6 213 |

Day 22

| (1) 5 797 + 7 681 = 13 478 | (2) 3 366 + 3 228 = 6 594 | (3) 5 450 + 2 982 = 8 432 | (4) 7 494 + 6 083 = 13 577 | (5) 1 369 + 4 807 = 6 176 | (6) 9 025 + 5 388 = 14 413 | (7) 3 168 + 5 425 = 8 593 | (8) 9 1_ + 7 2_ = 16 3_ |

| (9) 9 627 + 3 012 = 12 639 | (10) 3 266 + 9 464 = 12 730 | (11) 1 479 + 2 393 = 3 872 | (12) 4 312 + 6 527 = 10 839 | (13) 4 721 + 2 189 = 6 910 | (14) 7 408 + 9 640 = 17 048 | (15) 1 018 + 3 111 = 4 129 | (16) 4 9_ + 3 7_ = 8 6_ |

| (17) 3 553 + 8 326 = 11 879 | (18) 2 399 + 1 811 = 4 210 | (19) 1 859 + 9 620 = 11 479 | (20) 1 470 + 7 459 = 8 929 |

Day 23

| (1) 3 129 + 8 615 = 11 744 | (2) 1 196 + 5 999 = 7 195 | (3) 5 613 + 3 513 = 9 126 | (4) 9 629 + 8 031 = 17 660 | (5) 7 040 + 7 053 = 14 093 | (6) 6 548 + 7 224 = 13 772 | (7) 2 984 + 4 169 = 7 153 | (8) 1 8_ + 3 2_ = 5 1_ |

| (9) 2 010 + 6 470 = 8 480 | (10) 7 383 + 8 396 = 15 779 | (11) 4 250 + 2 539 = 6 789 | (12) 1 020 + 3 154 = 4 174 | (13) 8 929 + 2 448 = 11 377 | (14) 4 027 + 2 328 = 6 355 | (15) 9 282 + 8 544 = 17 826 | (16) 4 6_ + 1 0_ = 5 7_ |

| (17) 1 715 + 1 668 = 3 383 | (18) 5 683 + 8 667 = 14 350 | (19) 8 785 + 8 196 = 16 981 | (20) 6 317 + 2 412 = 8 729 |

Day 24

| (1) 3 892 + 2 335 = 6 227 | (2) 4 935 + 5 514 = 10 449 | (3) 9 079 + 3 123 = 12 202 | (4) 2 768 + 8 750 = 11 518 | (5) 5 295 + 5 483 = 10 778 | (6) 4 024 + 7 557 = 11 581 | (7) 5 315 + 4 553 = 9 868 | (8) 2_ + 7_ = 10_ |

| (9) 7 934 + 7 732 = 15 666 | (10) 5 128 + 7 744 = 12 872 | (11) 6 304 + 2 409 = 8 713 | (12) 2 059 + 4 163 = 6 222 | (13) 9 101 + 1 844 = 10 945 | (14) 2 121 + 2 708 = 4 829 | (15) 6 902 + 2 233 = 9 135 | (16) 7_ + 6_ = 13_ |

| (17) 5 250 + 7 387 = 12 637 | (18) 6 095 + 6 451 = 12 546 | (19) 2 426 + 2 698 = 5 124 | (20) 4 423 + 4 923 = 9 346 |

ay 25

	4 632	+ 5 298	9 930
2	9 457	+ 2 944	12 401
3	6 757	+ 5 039	11 796
4	6 761	+ 8 123	14 884
5	9 459	+ 5 426	14 885
6	4 791	+ 4 549	9 340
7	6 561	+ 2 312	8 873
8	8 041	+ 3 138	11 179
	5 946	+ 6 830	12 776
10	2 636	+ 3 751	6 387
11	1 387	+ 3 873	5 260
12	5 747	+ 2 237	7 984
13	2 077	+ 9 254	11 331
14	1 759	+ 6 327	8 086
15	3 468	+ 4 928	8 396
16	3 219	+ 4 656	7 875
	1 378	+ 7 184	8 562
18	1 379	+ 2 487	3 866
19	2 503	+ 5 639	8 142
20	3 160	+ 8 056	11 216

ay 26

	3 585	+ 7 540	11 125
2	8 717	+ 7 622	16 339
3	7 607	+ 6 023	13 630
4	6 604	+ 8 793	15 397
5	2 327	+ 2 442	4 769
6	4 181	+ 3 741	7 922
7	5 413	+ 9 830	15 243
8	7 719	+ 8 451	16 170
	9 164	+ 7 935	17 099
10	5 822	+ 1 655	7 477
11	3 890	+ 5 471	9 361
12	7 252	+ 2 937	10 189
13	7 029	+ 7 702	14 731
14	3 313	+ 3 318	6 631
15	1 435	+ 3 587	5 022
16	5 731	+ 1 540	7 271
	5 897	+ 2 220	8 117
18	8 659	+ 8 833	17 492
19	9 236	+ 9 192	18 428
20	9 088	+ 6 370	15 458

y 27

	9 681	+ 7 014	16 695
2	3 179	+ 7 363	10 542
3	2 982	+ 4 093	7 075
4	5 533	+ 8 328	13 861
5	4 986	+ 6 876	11 862
6	9 339	+ 1 766	11 105
7	4 576	+ 5 494	10 070
8	4 324	+ 9 139	13 463
	9 537	+ 2 085	11 622
10	5 616	+ 8 302	13 918
11	8 316	+ 4 900	13 216
12	4 734	+ 3 694	8 428
13	9 720	+ 6 267	15 987
14	6 406	+ 2 069	8 475
15	3 497	+ 3 601	7 098
16	7 244	+ 5 036	12 280
	6 620	+ 6 385	13 005
18	8 615	+ 6 516	15 131
19	4 118	+ 4 305	8 423
20	7 874	+ 6 807	14 681

y 28

	7 572	+ 5 702	13 274
2	4 914	+ 2 409	7 323
3	8 565	+ 1 871	10 436
4	1 607	+ 2 812	4 419
5	8 533	+ 1 933	10 466
6	3 111	+ 8 712	11 823
7	2 876	+ 7 262	10 138
8	4 464	+ 7 144	11 608
	4 223	+ 9 287	13 510
10	4 862	+ 2 705	7 567
11	2 872	+ 7 911	10 783
12	8 767	+ 8 504	17 271
13	1 704	+ 5 865	7 569
14	7 857	+ 9 778	17 635
15	3 307	+ 9 620	12 927
16	4 115	+ 8 661	12 776
	8 899	+ 7 045	15 944
18	5 893	+ 1 982	7 875
19	6 215	+ 5 412	11 627
20	8 557	+ 2 433	10 990

y 29

	2 798	1 493	+ 9 153	13 444
2	1 574	9 482	+ 3 317	14 373
3	6 698	6 970	+ 1 201	14 869
4	9 416	3 651	+ 5 204	18 271
5	6 829	8 460	+ 3 588	18 877
6	5 897	8 332	+ 5 533	19 762
7	9 533	1 707	+ 1 976	13 216
8	4 729	7 734	+ 7 732	20 195
	8 047	6 423	+ 7 007	21 477
10	6 820	9 967	+ 6 868	23 655
11	3 438	8 016	+ 4 653	16 107
12	5 868	4 349	+ 3 984	14 201
13	4 128	6 218	+ 7 193	17 539
14	6 814	5 316	+ 2 547	14 677
15	9 167	5 529	+ 7 642	22 338
16	3 982	6 068	+ 6 316	16 366
	9 801	6 495	+ 3 814	20 110
18	2 331	7 153	+ 9 616	19 100
19	6 668	8 067	+ 3 757	18 492
20	2 420	3 526	+ 4 059	10 005

Day 30

(1) 2 276 + 8 785 + 2 220 = 13 281
(2) 3 275 + 3 355 + 3 781 = 10 411
(3) 6 898 + 4 248 + 6 827 = 17 973
(4) 7 457 + 6 132 + 7 040 = 20 629
(5) 3 786 + 7 923 + 7 752 = 19 461
(6) 7 343 + 5 705 + 9 801 = 22 849
(7) 6 057 + 9 700 + 9 682 = 25 439
(8) 5 1… + 4 7… + 7 3… = 17 2…

(9) 9 372 + 2 872 + 5 167 = 17 411
(10) 1 972 + 9 844 + 5 716 = 17 532
(11) 3 900 + 7 113 + 5 995 = 17 008
(12) 6 079 + 2 079 + 9 331 = 17 489
(13) 6 207 + 8 533 + 9 603 = 24 343
(14) 9 991 + 3 777 + 7 129 = 20 897
(15) 8 402 + 3 972 + 9 752 = 22 126
(16) 5 5… + 9 2… + 7 6… = 22 3…

(17) 5 928 + 1 893 + 2 212 = 10 033
(18) 3 545 + 7 314 + 2 123 = 12 982
(19) 4 982 + 7 082 + 5 010 = 17 074
(20) 4 892 + 3 902 + 1 483 = 10 277

Day 31

(1) 9 802 + 9 290 + 6 073 = 25 165
(2) 2 035 + 1 146 + 6 367 = 9 548
(3) 6 066 + 1 535 + 7 638 = 15 239
(4) 9 594 + 6 782 + 3 671 = 20 047
(5) 4 012 + 7 917 + 2 782 = 14 711
(6) 9 846 + 4 921 + 2 710 = 17 477
(7) 5 492 + 6 237 + 4 426 = 16 155
(8) 6 5… + 3 7… + 9 5… = 19 8…

(9) 9 341 + 6 458 + 4 299 = 20 098
(10) 5 466 + 6 574 + 4 340 = 16 380
(11) 7 930 + 6 517 + 4 593 = 19 040
(12) 5 809 + 1 903 + 8 130 = 15 842
(13) 1 748 + 9 081 + 1 749 = 12 578
(14) 5 699 + 7 373 + 5 364 = 18 436
(15) 7 818 + 6 059 + 2 386 = 16 263
(16) 2 0… + 6 4… + 3 0… = 11 5…

(17) 6 632 + 4 472 + 6 142 = 17 246
(18) 6 991 + 4 289 + 6 001 = 17 281
(19) 8 646 + 4 214 + 6 517 = 19 377
(20) 6 540 + 2 693 + 4 688 = 13 921

Day 32

(1) 2 852 + 2 130 + 7 336 = 12 318
(2) 5 044 + 1 928 + 1 196 = 8 168
(3) 5 486 + 2 369 + 8 079 = 15 934
(4) 2 974 + 5 669 + 5 915 = 14 558
(5) 5 129 + 8 205 + 5 817 = 19 151
(6) 9 303 + 9 030 + 4 460 = 22 793
(7) 7 083 + 9 229 + 8 077 = 24 389
(8) 5 … + 2 … + 5 … = 13 …

(9) 8 086 + 1 111 + 6 828 = 16 025
(10) 1 650 + 3 939 + 4 834 = 10 423
(11) 5 495 + 9 439 + 6 908 = 21 842
(12) 7 246 + 6 042 + 4 778 = 18 066
(13) 2 396 + 7 409 + 6 649 = 16 454
(14) 3 046 + 8 321 + 5 444 = 16 811
(15) 5 908 + 1 389 + 7 122 = 14 419
(16) 9 … + 4 … + 1 … = 14 …

(17) 7 850 + 4 781 + 3 456 = 16 087
(18) 3 767 + 9 646 + 1 713 = 15 126
(19) 3 403 + 7 390 + 9 592 = 20 385
(20) 2 968 + 6 957 + 1 817 = 11 742

Day 33

(1) 3 500 + 2 272 + 7 562 = 13 334
(2) 6 126 + 2 603 + 1 796 = 10 525
(3) 2 818 + 1 477 + 8 726 = 13 021
(4) 6 708 + 5 338 + 2 346 = 14 392
(5) 6 255 + 8 141 + 6 196 = 20 592
(6) 1 672 + 7 497 + 6 943 = 16 112
(7) 8 145 + 2 986 + 5 823 = 16 954
(8) 5 … + 9 … + 4 … = 20 …

(9) 2 104 + 2 551 + 9 810 = 14 465
(10) 6 177 + 5 327 + 4 019 = 15 523
(11) 6 220 + 7 800 + 5 130 = 19 150
(12) 9 258 + 6 964 + 6 734 = 22 956
(13) 1 986 + 4 546 + 8 063 = 14 595
(14) 3 905 + 9 294 + 4 520 = 17 719
(15) 7 836 + 5 575 + 5 959 = 19 370
(16) 6 … + 3 … + 2 … = 12 …

(17) 1 015 + 1 841 + 9 823 = 12 679
(18) 8 963 + 1 795 + 2 420 = 13 178
(19) 5 113 + 7 522 + 2 480 = 15 115
(20) 4 173 + 5 023 + 1 052 = 10 248

ay 34

)	(2)	(3)	(4)	(5)	(6)	(7)	(8)
3 445	8 690	7 135	7 010	9 332	1 080	2 677	4 446
9 215	9 878	5 735	5 821	5 189	9 523	7 216	4 375
+ 4 234	+ 4 372	+ 4 468	+ 5 868	+ 7 057	+ 1 518	+ 9 802	+ 4 120
16 894	22 940	17 338	18 699	21 578	12 121	19 695	12 941

)	(10)	(11)	(12)	(13)	(14)	(15)	(16)
7 861	9 272	1 339	4 049	7 216	6 685	6 512	7 306
7 225	3 116	9 265	4 877	6 290	1 855	1 481	7 373
+ 5 392	+ 1 172	+ 9 262	+ 7 957	+ 2 455	+ 7 334	+ 4 378	+ 6 428
20 478	13 560	19 866	16 883	15 961	15 874	12 371	21 107

)	(18)	(19)	(20)
4 797	3 651	9 478	1 113
7 810	6 954	8 997	1 829
+ 6 376	+ 9 129	+ 5 840	+ 3 653
18 983	19 734	24 315	6 595

ay 35

)	(2)	(3)	(4)	(5)	(6)	(7)	(8)
9 037	8 810	4 714	8 938	6 818	5 235	4 024	8 626
1 230	4 740	3 816	5 535	4 784	4 447	6 403	5 919
+ 2 638	+ 5 124	+ 7 224	+ 7 891	+ 6 425	+ 8 558	+ 3 421	+ 7 836
12 905	18 674	15 754	22 364	18 027	18 240	13 848	22 381

)	(10)	(11)	(12)	(13)	(14)	(15)	(16)
1 949	6 440	2 929	1 711	8 988	3 631	4 717	5 994
6 483	5 918	6 638	6 147	5 254	5 606	4 485	4 110
+ 9 752	+ 7 982	+ 9 811	+ 1 242	+ 1 301	+ 8 978	+ 3 095	+ 7 036
18 184	20 340	19 378	9 100	15 543	18 215	12 297	17 140

	(18)	(19)	(20)
1 407	8 116	8 832	4 801
3 227	2 092	1 411	7 861
+ 3 085	+ 6 616	+ 5 310	+ 8 256
7 719	16 824	15 553	20 918

y 36

	(2)	(3)	(4)	(5)	(6)	(7)	(8)
2 092	2 355	8 917	1 511	8 495	9 501	4 665	7 314
4 646	3 030	7 516	7 338	2 339	6 508	8 197	9 050
+ 8 567	+ 7 066	+ 4 867	+ 2 429	+ 8 243	+ 6 743	+ 5 931	+ 6 526
15 305	12 451	21 300	11 278	19 077	22 752	18 793	22 890

	(10)	(11)	(12)	(13)	(14)	(15)	(16)
9 370	9 680	1 600	1 787	6 280	3 169	1 619	3 664
6 484	2 694	9 817	1 914	7 021	4 136	6 651	8 380
+ 8 304	+ 5 010	+ 6 839	+ 1 308	+ 5 456	+ 8 610	+ 9 266	+ 9 791
24 158	17 384	18 256	5 009	18 757	15 915	17 536	21 835

	(18)	(19)	(20)
7 033	8 027	9 990	3 041
1 347	1 834	4 777	2 984
+ 7 520	+ 6 773	+ 5 595	+ 6 545
15 900	16 634	20 362	12 570

y 37

	(2)	(3)	(4)	(5)	(6)	(7)
81 303	63 051	90 491	25 851	75 270	28 121	66 257
+ 64 770	+ 43 785	+ 71 760	+ 92 771	+ 52 420	+ 75 296	+ 22 651
146 073	106 836	162 251	118 622	127 690	103 417	88 908

	(9)	(10)	(11)	(12)	(13)	(14)
76 233	94 138	57 705	11 958	23 663	56 519	98 965
+ 33 615	+ 76 822	+ 95 899	+ 52 368	+ 22 904	+ 76 400	+ 38 800
109 848	170 960	153 604	64 326	46 567	132 919	137 765

	(16)	(17)	(18)	(19)	(20)
57 304	56 446	54 314	69 985	98 025	41 155
+ 92 304	+ 63 226	+ 71 432	+ 36 054	+ 26 610	+ 91 977
149 608	119 672	125 746	106 039	124 635	133 132

38

	(2)	(3)	(4)	(5)	(6)	(7)
35 841	25 507	65 385	20 104	92 522	88 912	52 332
+ 22 491	+ 31 478	+ 76 468	+ 30 409	+ 15 076	+ 87 868	+ 25 247
58 332	56 985	141 853	50 513	107 598	176 780	77 579

(8) 66 912 + 49 313 = 116 225	(9) 28 534 + 75 390 = 103 924	(10) 72 556 + 60 810 = 133 366	(11) 36 720 + 76 765 = 113 485	(12) 80 806 + 34 674 = 115 480	(13) 83 965 + 89 880 = 173 845	(14) 69 07… + 81 89… = 150 9(0)…
(15) 21 118 + 30 535 = 51 653	(16) 62 676 + 54 823 = 117 499	(17) 88 946 + 63 791 = 152 737	(18) 59 728 + 71 644 = 131 372	(19) 56 173 + 24 546 = 80 719	(20) 73 178 + 49 169 = 122 347	

Day 39

(1) 27 463 + 64 920 = 92 383	(2) 83 953 + 62 799 = 146 752	(3) 76 711 + 84 291 = 161 002	(4) 44 854 + 44 157 = 89 011	(5) 98 182 + 91 141 = 189 323	(6) 61 152 + 75 267 = 136 419	(7) 83 98… + 37 77… = 121 7…
(8) 12 704 + 82 812 = 95 516	(9) 92 653 + 83 512 = 176 165	(10) 18 521 + 86 310 = 104 831	(11) 60 907 + 36 790 = 97 697	(12) 77 539 + 20 786 = 98 325	(13) 42 092 + 50 110 = 92 202	(14) 33 8… + 90 6… = 124 4…
(15) 55 643 + 98 097 = 153 740	(16) 33 563 + 95 099 = 128 662	(17) 23 658 + 92 784 = 116 442	(18) 36 538 + 98 094 = 134 632	(19) 26 305 + 10 332 = 36 637	(20) 82 107 + 93 031 = 175 138	

Day 40

(1) 91 287 + 71 200 = 162 487	(2) 71 669 + 48 655 = 120 324	(3) 59 573 + 89 568 = 149 141	(4) 19 534 + 50 804 = 70 338	(5) 83 448 + 21 041 = 104 489	(6) 84 753 + 44 507 = 129 260	(7) 11 0… + 40 7… = 51 7…
(8) 83 391 + 46 649 = 130 040	(9) 56 232 + 17 436 = 73 668	(10) 35 188 + 59 697 = 94 885	(11) 50 650 + 17 016 = 67 666	(12) 19 273 + 24 263 = 43 536	(13) 82 951 + 10 566 = 93 517	(14) 55 1… + 44 2… = 99 3…
(15) 47 812 + 70 354 = 118 166	(16) 36 703 + 21 062 = 57 765	(17) 97 204 + 78 768 = 175 972	(18) 50 550 + 51 639 = 102 189	(19) 42 610 + 81 326 = 123 936	(20) 34 551 + 92 138 = 126 689	

Day 41

(1) 24 668 + 14 652 = 39 320	(2) 98 519 + 44 675 = 143 194	(3) 70 803 + 69 292 = 140 095	(4) 73 658 + 68 844 = 142 502	(5) 62 709 + 75 292 = 138 001	(6) 46 148 + 66 958 = 113 106	(7) 13 7… + 53 2… = 66 9…
(8) 72 260 + 63 012 = 135 272	(9) 43 969 + 78 641 = 122 610	(10) 72 899 + 22 113 = 95 012	(11) 81 410 + 90 973 = 172 383	(12) 94 402 + 22 396 = 116 798	(13) 97 370 + 93 327 = 190 697	(14) 26 2… + 44 7… = 70 9…
(15) 78 597 + 17 381 = 95 978	(16) 64 081 + 56 165 = 120 246	(17) 36 687 + 46 049 = 82 736	(18) 92 422 + 79 992 = 172 414	(19) 10 635 + 59 555 = 70 190	(20) 51 639 + 44 955 = 96 594	

Day 42

(1) 76 199 + 61 873 = 138 072	(2) 80 950 + 85 652 = 166 602	(3) 21 277 + 66 171 = 87 448	(4) 76 687 + 23 188 = 99 875	(5) 59 798 + 64 913 = 124 711	(6) 67 874 + 47 300 = 115 174	(7) 74 … + 52 0… = 126 …
(8) 60 398 + 70 400 = 130 798	(9) 19 931 + 67 592 = 87 523	(10) 97 579 + 66 759 = 164 338	(11) 46 443 + 90 322 = 136 765	(12) 81 120 + 35 613 = 116 733	(13) 89 944 + 14 939 = 104 883	(14) 55 … + 49 … = 105…
(15) 71 572 + 61 459 = 133 031	(16) 58 594 + 31 838 = 90 432	(17) 98 147 + 96 111 = 194 258	(18) 20 991 + 86 522 = 107 513	(19) 84 853 + 32 224 = 117 077	(20) 91 472 + 41 031 = 132 503	

Day 43

(1) 31 333 + 90 427 = 121 760	(2) 61 083 + 20 309 = 81 392	(3) 19 803 + 84 078 = 103 881	(4) 95 388 + 83 680 = 179 068	(5) 92 044 + 57 969 = 150 013	(6) 54 250 + 68 730 = 122 980	(7) 98 … + 63 … = 162…
(8) 56 266 + 45 858 = 102 124	(9) 61 150 + 83 272 = 144 422	(10) 38 711 + 28 940 = 67 651	(11) 51 753 + 97 646 = 149 399	(12) 35 540 + 46 647 = 82 187	(13) 79 144 + 58 750 = 137 894	(14) 34 … + 55 … = 90…

No.	Problem	Answer
	73 441 + 91 962	165 403
16	25 943 + 50 154	76 097
17	35 431 + 79 541	114 972
18	91 176 + 88 499	179 675
19	87 343 + 28 578	115 921
20	54 569 + 63 436	118 005

Day 44

No.	Problem	Answer
	38 916 + 50 003	88 919
2	48 251 + 86 501	134 752
3	25 177 + 90 982	116 159
4	83 811 + 89 269	173 080
5	61 373 + 43 065	104 438
6	54 696 + 72 870	127 566
7	52 066 + 43 323	95 389
	77 891 + 20 664	98 555
9	34 745 + 31 939	66 684
10	18 349 + 74 358	92 707
11	91 714 + 98 688	190 402
12	40 753 + 66 662	107 415
13	32 509 + 91 233	123 742
14	53 786 + 68 994	122 780
	71 245 + 30 783	102 028
16	87 582 + 76 215	163 797
17	11 741 + 33 561	45 302
18	38 187 + 68 182	106 369
19	33 987 + 70 061	104 048
20	39 339 + 16 192	55 531

Day 45

No.	Problem	Answer
	56 - 20	36
2	49 - 18	31
3	53 - 32	21
4	85 - 11	74
5	79 - 21	58
6	69 - 48	21
7	76 - 65	11
8	62 - 22	40
9	76 - 75	1
10	42 - 26	16
	88 - 88	0
12	88 - 31	57
13	57 - 21	36
14	90 - 37	53
15	84 - 40	44
16	74 - 72	2
17	83 - 55	28
18	84 - 15	69
19	41 - 14	27
20	55 - 18	37

Day 46

No.	Problem	Answer
	94 - 44	50
2	92 - 78	14
3	89 - 53	36
4	84 - 56	28
5	82 - 57	25
6	63 - 15	48
7	73 - 32	41
8	69 - 57	12
9	63 - 37	26
10	70 - 59	11
	74 - 63	11
12	70 - 65	5
13	92 - 48	44
14	59 - 24	35
15	88 - 82	6
16	66 - 13	53
17	59 - 21	38
18	93 - 90	3
19	63 - 47	16
20	89 - 65	24

Day 47

No.	Problem	Answer
	76 - 32	44
2	97 - 86	11
3	81 - 14	67
4	33 - 28	5
5	47 - 21	26
6	62 - 49	13
7	96 - 28	68
8	44 - 23	21
9	53 - 24	29
10	67 - 63	4
	92 - 54	38
12	95 - 38	57
13	84 - 10	74
14	81 - 13	68
15	87 - 50	37
16	84 - 34	50
17	74 - 32	42
18	52 - 51	1
19	88 - 69	19
20	80 - 34	46

Day 48

No.	Problem	Answer
	57 - 55	2
2	85 - 79	6
3	81 - 15	66
4	75 - 48	27
5	62 - 58	4
6	88 - 73	15
7	76 - 21	55
8	49 - 13	36
9	96 - 75	21
10	74 - 69	5
	70 - 53	17
12	37 - 23	14
13	98 - 32	66
14	71 - 58	13
15	47 - 37	10
16	90 - 18	72
17	87 - 80	7
18	35 - 16	19
19	97 - 53	44
20	78 - 58	20

Day 49

No.	Problem	Answer
	233 - 10	223
2	886 - 84	802
3	728 - 81	647
4	183 - 70	113
5	914 - 71	843
6	573 - 30	543
7	997 - 76	921
8	721 - 98	623
9	968 - 93	875
	204 - 89	115
11	898 - 16	882
12	733 - 96	637
13	882 - 23	859
14	561 - 72	489
15	281 - 65	216
16	355 - 53	302
17	879 - 75	804
18	458 - 62	396
	523 - 87	436
20	976 - 66	910

Day 50

(1) 799 − 64 = 735	(2) 155 − 82 = 73	(3) 718 − 29 = 689	(4) 241 − 69 = 172	(5) 206 − 74 = 132	(6) 453 − 25 = 428	(7) 278 − 74 = 204	(8) 263 − 28 = 235	(9) 89_ − 5 = 84
(10) 199 − 98 = 101	(11) 253 − 75 = 178	(12) 139 − 51 = 88	(13) 192 − 56 = 136	(14) 923 − 41 = 882	(15) 356 − 72 = 284	(16) 511 − 11 = 500	(17) 941 − 43 = 898	(18) 61_ − 6 = 55
(19) 565 − 94 = 471	(20) 406 − 64 = 342							

Day 51

(1) 303 − 35 = 268	(2) 562 − 81 = 481	(3) 819 − 23 = 796	(4) 942 − 26 = 916	(5) 644 − 53 = 591	(6) 686 − 38 = 648	(7) 587 − 69 = 518	(8) 533 − 19 = 514	(9) 11_ − 7 = 4_
(10) 914 − 36 = 878	(11) 154 − 62 = 92	(12) 926 − 46 = 880	(13) 533 − 47 = 486	(14) 531 − 85 = 446	(15) 628 − 14 = 614	(16) 678 − 29 = 649	(17) 416 − 33 = 383	(18) 34_ − 7 = 26
(19) 631 − 34 = 597	(20) 826 − 36 = 790							

Day 52

(1) 591 − 45 = 546	(2) 477 − 57 = 420	(3) 281 − 27 = 254	(4) 293 − 94 = 199	(5) 713 − 66 = 647	(6) 857 − 61 = 796	(7) 808 − 25 = 783	(8) 699 − 46 = 653	(9) 4_ = 3_
(10) 507 − 82 = 425	(11) 952 − 23 = 929	(12) 645 − 11 = 634	(13) 114 − 10 = 104	(14) 823 − 58 = 765	(15) 918 − 63 = 855	(16) 732 − 62 = 670	(17) 981 − 30 = 951	(18) 2_ = 2
(19) 446 − 65 = 381	(20) 616 − 31 = 585							

Day 53

(1) 771 − 186 = 585	(2) 555 − 277 = 278	(3) 684 − 396 = 288	(4) 512 − 501 = 11	(5) 884 − 468 = 416	(6) 773 − 333 = 440	(7) 711 − 486 = 225	(8) 335 − 325 = 10	(9) 9_ − 1 = 8
(10) 874 − 768 = 106	(11) 468 − 336 = 132	(12) 729 − 538 = 191	(13) 220 − 170 = 50	(14) 684 − 665 = 19	(15) 785 − 285 = 500	(16) 865 − 848 = 17	(17) 673 − 598 = 75	(18) 7_ − 4 = 3
(19) 863 − 397 = 466	(20) 309 − 277 = 32							

Day 54

(1) 740 − 377 = 363	(2) 679 − 123 = 556	(3) 286 − 130 = 156	(4) 818 − 757 = 61	(5) 669 − 587 = 82	(6) 942 − 926 = 16	(7) 284 − 112 = 172	(8) 456 − 367 = 89	(9)
(10) 857 − 207 = 650	(11) 596 − 349 = 247	(12) 829 − 527 = 302	(13) 925 − 912 = 13	(14) 815 − 498 = 317	(15) 936 − 189 = 747	(16) 772 − 400 = 372	(17) 313 − 253 = 60	(18)
(19) 746 − 652 = 94	(20) 993 − 184 = 809							

Day 55

(1) 840 − 226 = 614 (2) 920 − 303 = 617 (3) 846 − 394 = 452 (4) 441 − 219 = 222 (5) 975 − 765 = 210 (6) 904 − 107 = 797 (7) 519 − 362 = 157 (8) 800 − 188 = 612 (9) 788 − 195 = 593

(10) 557 − 177 = 380 (11) 161 − 104 = 57 (12) 937 − 914 = 23 (13) 928 − 482 = 446 (14) 908 − 716 = 192 (15) 525 − 472 = 53 (16) 784 − 217 = 567 (17) 823 − 661 = 162 (18) 722 − 260 = 462

(19) 954 − 382 = 572 (20) 978 − 746 = 232

Day 56

(1) 708 − 186 = 522 (2) 908 − 595 = 313 (3) 955 − 714 = 241 (4) 765 − 406 = 359 (5) 948 − 594 = 354 (6) 295 − 200 = 95 (7) 773 − 452 = 321 (8) 639 − 312 = 327 (9) 756 − 144 = 612

(10) 868 − 371 = 497 (11) 920 − 720 = 200 (12) 983 − 838 = 145 (13) 608 − 286 = 322 (14) 579 − 444 = 135 (15) 917 − 591 = 326 (16) 723 − 620 = 103 (17) 631 − 357 = 274 (18) 611 − 231 = 380

(19) 957 − 721 = 236 (20) 203 − 115 = 88

Day 57

(1) 959 − 459 = 500 (2) 579 − 476 = 103 (3) 886 − 101 = 785 (4) 796 − 415 = 381 (5) 470 − 256 = 214 (6) 416 − 390 = 26 (7) 740 − 184 = 556 (8) 515 − 230 = 285 (9) 466 − 126 = 340

(10) 910 − 468 = 442 (11) 970 − 109 = 861 (12) 553 − 406 = 147 (13) 750 − 706 = 44 (14) 455 − 146 = 309 (15) 996 − 780 = 216 (16) 982 − 750 = 232 (17) 446 − 188 = 258 (18) 677 − 517 = 160

(19) 787 − 669 = 118 (20) 719 − 495 = 224

Day 58

(1) 591 − 495 = 96 (2) 650 − 243 = 407 (3) 512 − 120 = 392 (4) 539 − 485 = 54 (5) 971 − 912 = 59 (6) 779 − 434 = 345 (7) 623 − 123 = 500 (8) 845 − 379 = 466 (9) 403 − 228 = 175

(10) 339 − 293 = 46 (11) 759 − 393 = 366 (12) 986 − 523 = 463 (13) 920 − 808 = 112 (14) 402 − 153 = 249 (15) 799 − 345 = 454 (16) 682 − 605 = 77 (17) 704 − 496 = 208 (18) 885 − 423 = 462

(19) 974 − 352 = 622 (20) 864 − 391 = 473

Day 59

(1) 3 435 − 815 = 2 620 (2) 5 068 − 969 = 4 099 (3) 7 630 − 301 = 7 329 (4) 9 091 − 581 = 8 510 (5) 2 956 − 103 = 2 853 (6) 5 158 − 398 = 4 760 (7) 5 939 − 481 = 5 458 (8) 6 359 − 331 = 6 028

(9) 6 548 − 476 = 6 072 (10) 7 232 − 793 = 6 439 (11) 2 457 − 557 = 1 900 (12) 2 634 − 744 = 1 890 (13) 9 666 − 861 = 8 805 (14) 6 428 − 692 = 5 736 (15) 9 478 − 168 = 9 310 (16) 4 295 − 680 = 3 615

(17) 7 497 − 566 = 6 931 (18) 9 647 − 445 = 9 202 (19) 8 889 − 326 = 8 563 (20) 2 022 − 219 = 1 803

Day 60

#	Problem	#	Problem	#	Problem	#	Problem
(1)	1 253 − 990 = 263	(2)	9 519 − 460 = 9 059	(3)	7 400 − 535 = 6 865	(4)	5 294 − 111 = 5 183
(5)	9 353 − 405 = 8 948	(6)	5 129 − 521 = 4 608	(7)	6 067 − 210 = 5 857	(8)	1 43_ − 70_ = 73_
(9)	3 282 − 486 = 2 796	(10)	5 999 − 133 = 5 866	(11)	9 800 − 492 = 9 308	(12)	9 995 − 749 = 9 246
(13)	6 791 − 372 = 6 419	(14)	2 543 − 480 = 2 063	(15)	1 476 − 928 = 548	(16)	4 77_ − 40_ = 4 36_
(17)	3 646 − 107 = 3 539	(18)	1 580 − 811 = 769	(19)	9 711 − 610 = 9 101	(20)	5 975 − 962 = 5 013

Day 61

#	Problem	#	Problem	#	Problem	#	Problem
(1)	3 968 − 347 = 3 621	(2)	9 822 − 482 = 9 340	(3)	2 553 − 207 = 2 346	(4)	3 368 − 349 = 3 019
(5)	7 051 − 916 = 6 135	(6)	4 226 − 340 = 3 886	(7)	8 309 − 133 = 8 176	(8)	7 20_ − 83_ = 6 37_
(9)	5 704 − 937 = 4 767	(10)	7 117 − 821 = 6 296	(11)	5 582 − 234 = 5 348	(12)	7 960 − 388 = 7 572
(13)	3 304 − 784 = 2 520	(14)	3 837 − 438 = 3 399	(15)	8 640 − 166 = 8 474	(16)	1 93_ − 14_ = 1 79_
(17)	9 107 − 807 = 8 300	(18)	6 256 − 625 = 5 631	(19)	3 633 − 264 = 3 369	(20)	1 202 − 146 = 1 056

Day 62

#	Problem	#	Problem	#	Problem	#	Problem
(1)	7 222 − 531 = 6 691	(2)	6 057 − 334 = 5 723	(3)	3 194 − 865 = 2 329	(4)	9 234 − 153 = 9 081
(5)	5 357 − 981 = 4 376	(6)	4 430 − 845 = 3 585	(7)	8 235 − 407 = 7 828	(8)	2 8_ − 3_ = 2 5_
(9)	3 779 − 350 = 3 429	(10)	3 836 − 986 = 2 850	(11)	5 777 − 508 = 5 269	(12)	6 303 − 220 = 6 083
(13)	2 325 − 700 = 1 625	(14)	6 984 − 857 = 6 127	(15)	4 718 − 362 = 4 356	(16)	1 5_ − 4_ = 1 0_
(17)	4 556 − 737 = 3 819	(18)	7 018 − 442 = 6 576	(19)	8 762 − 892 = 7 870	(20)	8 245 − 253 = 7 992

Day 63

#	Problem	#	Problem	#	Problem	#	Problem
(1)	6 837 − 237 = 6 600	(2)	6 569 − 816 = 5 753	(3)	2 455 − 192 = 2 263	(4)	7 052 − 232 = 6 820
(5)	4 737 − 562 = 4 175	(6)	8 915 − 754 = 8 161	(7)	9 435 − 968 = 8 467	(8)	8 0_ − 5_ = 7 5_
(9)	9 785 − 412 = 9 373	(10)	5 323 − 864 = 4 459	(11)	6 023 − 742 = 5 281	(12)	4 127 − 217 = 3 910
(13)	9 474 − 256 = 9 218	(14)	2 774 − 432 = 2 342	(15)	9 516 − 203 = 9 313	(16)	8 9_ − 5_ = 8 3_
(17)	7 180 − 858 = 6 322	(18)	2 577 − 561 = 2 016	(19)	3 132 − 364 = 2 768	(20)	4 822 − 418 = 4 404

Day 64

#	Problem	#	Problem	#	Problem	#	Problem
(1)	1 054 − 135 = 919	(2)	5 370 − 152 = 5 218	(3)	7 327 − 831 = 6 496	(4)	7 304 − 572 = 6 732
(5)	4 791 − 284 = 4 507	(6)	2 224 − 170 = 2 054	(7)	2 733 − 245 = 2 488	(8)	7 5_ − _ = 6 _
(9)	1 417 − 278 = 1 139	(10)	1 628 − 441 = 1 187	(11)	7 400 − 543 = 6 857	(12)	1 076 − 766 = 310
(13)	7 101 − 242 = 6 859	(14)	8 089 − 957 = 7 132	(15)	9 391 − 232 = 9 159	(16)	3 _ = 3 _
(17)	6 540 − 372 = 6 168	(18)	6 749 − 623 = 6 126	(19)	7 747 − 101 = 7 646	(20)	8 612 − 779 = 7 833

Day 65

(1) 7 983 − 5 638 = 2 345 (2) 5 326 − 2 984 = 2 342 (3) 4 129 − 2 053 = 2 076 (4) 2 076 − 1 060 = 1 016 (5) 2 866 − 2 337 = 529 (6) 7 662 − 4 446 = 3 216 (7) 4 708 − 4 439 = 269 (8) 8 105 − 4 922 = 3 183

(9) 5 220 − 3 753 = 1 467 (10) 8 686 − 5 646 = 3 040 (11) 7 622 − 1 119 = 6 503 (12) 6 441 − 4 432 = 2 009 (13) 7 509 − 6 083 = 1 426 (14) 4 370 − 3 952 = 418 (15) 9 065 − 2 755 = 6 310 (16) 9 616 − 5 230 = 4 386

(17) 4 925 − 2 178 = 2 747 (18) 9 793 − 2 387 = 7 406 (19) 9 944 − 5 486 = 4 458 (20) 8 003 − 1 275 = 6 728

Day 66

(1) 2 962 − 1 011 = 1 951 (2) 8 515 − 8 100 = 415 (3) 3 469 − 2 383 = 1 086 (4) 6 678 − 3 132 = 3 546 (5) 8 967 − 6 248 = 2 719 (6) 7 502 − 3 822 = 3 680 (7) 4 944 − 2 945 = 1 999 (8) 9 795 − 5 258 = 4 537

(9) 6 250 − 6 189 = 61 (10) 9 922 − 7 568 = 2 354 (11) 3 970 − 2 908 = 1 062 (12) 8 767 − 6 135 = 2 632 (13) 2 191 − 1 170 = 1 021 (14) 7 113 − 5 558 = 1 555 (15) 8 451 − 1 266 = 7 185 (16) 6 966 − 6 136 = 830

(17) 8 404 − 3 440 = 4 964 (18) 9 614 − 7 703 = 1 911 (19) 4 760 − 3 326 = 1 434 (20) 8 177 − 5 900 = 2 277

Day 67

(1) 7 611 − 6 910 = 701 (2) 1 764 − 1 318 = 446 (3) 7 159 − 3 910 = 3 249 (4) 6 701 − 1 596 = 5 105 (5) 3 127 − 2 475 = 652 (6) 7 825 − 6 298 = 1 527 (7) 4 526 − 2 741 = 1 785 (8) 6 294 − 3 044 = 3 250

(9) 8 368 − 1 764 = 6 604 (10) 8 003 − 4 156 = 3 847 (11) 5 565 − 3 584 = 1 981 (12) 2 968 − 1 275 = 1 693 (13) 8 201 − 7 516 = 685 (14) 8 991 − 6 615 = 2 376 (15) 7 666 − 4 923 = 2 743 (16) 1 723 − 1 002 = 721

(17) 3 226 − 3 211 = 15 (18) 9 546 − 8 970 = 576 (19) 6 169 − 3 293 = 2 876 (20) 2 486 − 1 613 = 873

Day 68

(1) 7 959 − 3 967 = 3 992 (2) 5 172 − 4 195 = 977 (3) 7 403 − 3 447 = 3 956 (4) 8 107 − 1 614 = 6 493 (5) 7 550 − 1 661 = 5 889 (6) 8 540 − 3 398 = 5 142 (7) 9 191 − 3 541 = 5 650 (8) 9 161 − 2 739 = 6 422

(9) 8 121 − 7 446 = 675 (10) 9 803 − 9 490 = 313 (11) 9 401 − 5 159 = 4 242 (12) 6 671 − 1 995 = 4 676 (13) 8 964 − 7 298 = 1 666 (14) 3 399 − 2 202 = 1 197 (15) 5 654 − 5 006 = 648 (16) 7 872 − 3 321 = 4 551

(17) 8 648 − 6 499 = 2 149 (18) 3 967 − 1 826 = 2 141 (19) 9 076 − 4 567 = 4 509 (20) 9 352 − 7 249 = 2 103

Day 69

(1) 6 155 − 5 166 = 989 (2) 9 676 − 7 887 = 1 789 (3) 6 858 − 1 869 = 4 989 (4) 2 595 − 2 545 = 50 (5) 9 319 − 7 676 = 1 643 (6) 9 229 − 8 219 = 1 010 (7) 8 240 − 3 058 = 5 182 (8) 7 606 − 6 967 = 639

(9) 2 088 − 1 690 = 398 (10) 4 289 − 3 534 = 755 (11) 7 592 − 3 242 = 4 350 (12) 5 160 − 4 822 = 338 (13) 9 291 − 3 844 = 5 447 (14) 9 449 − 7 935 = 1 514 (15) 9 256 − 6 522 = 2 734 (16) 7 674 − 2 432 = 5 242

(17) 6 476 − 3 791 = 2 685 (18) 8 649 − 1 361 = 7 288 (19) 4 535 − 2 080 = 2 455 (20) 5 465 − 5 364 = 101

Day 70

(1) 9 248 − 8 922 = 326	(2) 7 015 − 2 994 = 4 021	(3) 8 713 − 3 981 = 4 732	(4) 9 361 − 2 749 = 6 612	(5) 2 476 − 1 323 = 1 153	(6) 3 782 − 1 276 = 2 506	(7) 4 124 − 4 101 = 23	(8) 6 87_ − 4 45_ = 2 41_
(9) 6 940 − 6 321 = 619	(10) 2 125 − 1 705 = 420	(11) 3 574 − 2 562 = 1 012	(12) 6 531 − 1 708 = 4 823	(13) 1 838 − 1 699 = 139	(14) 3 793 − 2 443 = 1 350	(15) 4 158 − 3 173 = 985	(16) 5 79_ − 3 91_ = 1 88_
(17) 8 759 − 8 656 = 103	(18) 9 174 − 2 953 = 6 221	(19) 6 426 − 2 702 = 3 724	(20) 9 606 − 4 601 = 5 005				

Day 71

(1) 7 076 − 6 289 = 787	(2) 6 618 − 2 428 = 4 190	(3) 6 378 − 2 342 = 4 036	(4) 3 427 − 2 974 = 453	(5) 2 547 − 1 101 = 1 446	(6) 8 282 − 7 396 = 886	(7) 9 652 − 2 952 = 6 700	(8) 6 6_ − 5 94_ = 67_
(9) 5 280 − 3 066 = 2 214	(10) 6 572 − 1 342 = 5 230	(11) 7 905 − 1 646 = 6 259	(12) 7 112 − 3 807 = 3 305	(13) 8 862 − 1 490 = 7 372	(14) 7 091 − 6 508 = 583	(15) 7 319 − 3 460 = 3 859	(16) 4 2_ − 2 4__ = 1 8_
(17) 9 145 − 4 499 = 4 646	(18) 7 562 − 5 126 = 2 436	(19) 6 487 − 5 012 = 1 475	(20) 7 797 − 5 124 = 2 673				

Day 72

(1) 4 240 − 3 369 = 871	(2) 7 243 − 5 260 = 1 983	(3) 9 314 − 1 610 = 7 704	(4) 5 955 − 3 676 = 2 279	(5) 4 473 − 3 460 = 1 013	(6) 7 267 − 1 240 = 6 027	(7) 9 618 − 5 942 = 3 676	(8) 8 1_ − 6 7_ = 1 4_
(9) 8 837 − 8 327 = 510	(10) 5 107 − 4 628 = 479	(11) 7 767 − 4 815 = 2 952	(12) 8 866 − 6 104 = 2 762	(13) 4 752 − 1 603 = 3 149	(14) 4 607 − 1 160 = 3 447	(15) 9 571 − 3 307 = 6 264	(16) 4 7_ − 1 9_ = 2 7_
(17) 3 556 − 2 678 = 878	(18) 8 502 − 6 664 = 1 838	(19) 8 755 − 7 104 = 1 651	(20) 7 880 − 5 725 = 2 155				

Day 73

(1) 7 385 − 2 400 = 4 985	(2) 9 023 − 2 253 = 6 770	(3) 8 751 − 5 152 = 3 599	(4) 9 991 − 1 263 = 8 728	(5) 6 953 − 3 217 = 3 736	(6) 7 899 − 7 538 = 361	(7) 6 057 − 4 472 = 1 585	(8) 9 9_ − 8 0_ = 1 8_
(9) 7 004 − 4 335 = 2 669	(10) 9 976 − 9 290 = 686	(11) 8 799 − 2 669 = 6 130	(12) 9 669 − 6 630 = 3 039	(13) 8 199 − 7 321 = 878	(14) 5 387 − 4 258 = 1 129	(15) 9 947 − 6 664 = 3 283	(16) 5 0_ − 2 0_ = 2 9_
(17) 2 313 − 1 708 = 605	(18) 3 305 − 3 256 = 49	(19) 6 892 − 5 075 = 1 817	(20) 4 258 − 1 217 = 3 041				

Day 74

(1) 8 371 − 7 184 = 1 187	(2) 6 355 − 4 861 = 1 494	(3) 7 950 − 4 259 = 3 691	(4) 8 548 − 4 960 = 3 588	(5) 8 522 − 4 912 = 3 610	(6) 4 183 − 3 534 = 649	(7) 4 017 − 1 438 = 2 579	(8) 9 __ − 1 __ = 7 __
(9) 9 041 − 4 863 = 4 178	(10) 9 154 − 5 009 = 4 145	(11) 7 583 − 1 613 = 5 970	(12) 4 812 − 2 320 = 2 492	(13) 6 126 − 5 239 = 887	(14) 9 856 − 6 507 = 3 349	(15) 4 103 − 2 915 = 1 188	(16) 8 __ − 4 __ = 3 __
(17) 3 565 − 2 810 = 755	(18) 9 466 − 2 273 = 7 193	(19) 8 310 − 4 527 = 3 783	(20) 7 132 − 5 448 = 1 684				

Day 75

(1)
```
   43 701
 -  5 590
   ------
   38 111
```
(2)
```
   22 514
 -  7 677
   ------
   14 837
```
(3)
```
   62 509
 -  8 181
   ------
   54 328
```
(4)
```
   40 119
 -  6 936
   ------
   33 183
```
(5)
```
   91 857
 -  8 789
   ------
   83 068
```
(6)
```
   17 134
 -  2 227
   ------
   14 907
```
(7)
```
   92 538
 -  4 336
   ------
   88 202
```

(8)
```
   94 977
 -  4 480
   ------
   90 497
```
(9)
```
   75 616
 -  8 069
   ------
   67 547
```
(10)
```
   57 217
 -  8 541
   ------
   48 676
```
(11)
```
   91 821
 -  1 322
   ------
   90 499
```
(12)
```
   42 368
 -  2 030
   ------
   40 338
```
(13)
```
   73 672
 -  7 961
   ------
   65 711
```
(14)
```
   56 552
 -  5 365
   ------
   51 187
```

(15)
```
   79 908
 -  7 938
   ------
   71 970
```
(16)
```
   84 152
 -  1 580
   ------
   82 572
```
(17)
```
   49 912
 -  5 909
   ------
   44 003
```
(18)
```
   21 761
 -  5 476
   ------
   16 285
```
(19)
```
   35 951
 -  5 903
   ------
   30 048
```
(20)
```
   78 119
 -  9 073
   ------
   69 046
```

Day 76

(1)
```
   24 914
 -  4 044
   ------
   20 870
```
(2)
```
   32 055
 -  1 664
   ------
   30 391
```
(3)
```
   66 351
 -  4 858
   ------
   61 493
```
(4)
```
   41 164
 -  3 917
   ------
   37 247
```
(5)
```
   24 363
 -  9 602
   ------
   14 761
```
(6)
```
   23 262
 -  8 627
   ------
   14 635
```
(7)
```
   78 797
 -  6 046
   ------
   72 751
```

(8)
```
   61 512
 -  4 860
   ------
   56 652
```
(9)
```
   31 789
 -  4 537
   ------
   27 252
```
(10)
```
   45 892
 -  2 234
   ------
   43 658
```
(11)
```
   30 026
 -  1 211
   ------
   28 815
```
(12)
```
   20 726
 -  5 512
   ------
   15 214
```
(13)
```
   53 408
 -  3 728
   ------
   49 680
```
(14)
```
   46 992
 -  8 448
   ------
   38 544
```

(15)
```
   65 003
 -  9 032
   ------
   55 971
```
(16)
```
   96 952
 -  5 703
   ------
   91 249
```
(17)
```
   84 094
 -  3 663
   ------
   80 431
```
(18)
```
   81 232
 -  1 536
   ------
   79 696
```
(19)
```
   17 553
 -  5 526
   ------
   12 027
```
(20)
```
   42 733
 -  1 157
   ------
   41 576
```

Day 77

(1)
```
   92 526
 -  3 311
   ------
   89 215
```
(2)
```
   78 227
 -  3 264
   ------
   74 963
```
(3)
```
   15 575
 -  8 903
   ------
    6 672
```
(4)
```
   46 572
 -  2 986
   ------
   43 586
```
(5)
```
   21 364
 -  7 709
   ------
   13 655
```
(6)
```
   24 142
 -  2 069
   ------
   22 073
```
(7)
```
   34 175
 -  3 788
   ------
   30 387
```

(8)
```
   22 687
 -  6 274
   ------
   16 413
```
(9)
```
   72 784
 -  7 824
   ------
   64 960
```
(10)
```
   19 905
 -  8 841
   ------
   11 064
```
(11)
```
   99 236
 -  5 691
   ------
   93 545
```
(12)
```
   15 454
 -  9 666
   ------
    5 788
```
(13)
```
   87 618
 -  3 104
   ------
   84 514
```
(14)
```
   62 030
 -  2 716
   ------
   59 314
```

(15)
```
   41 241
 -  9 389
   ------
   31 852
```
(16)
```
   43 224
 -  3 124
   ------
   40 100
```
(17)
```
   82 827
 -  4 761
   ------
   78 066
```
(18)
```
   68 129
 -  7 020
   ------
   61 109
```
(19)
```
   29 182
 -  5 293
   ------
   23 889
```
(20)
```
   15 230
 -  8 146
   ------
    7 084
```

Day 78

(1)
```
   98 400
 -  5 152
   ------
   93 248
```
(2)
```
   58 925
 -  3 621
   ------
   55 304
```
(3)
```
   35 573
 -  9 860
   ------
   25 713
```
(4)
```
   17 894
 -  1 614
   ------
   16 280
```
(5)
```
   88 720
 -  9 779
   ------
   78 941
```
(6)
```
   43 912
 -  5 665
   ------
   38 247
```
(7)
```
   40 897
 -  8 893
   ------
   32 004
```

(8)
```
   71 708
 -  6 667
   ------
   65 041
```
(9)
```
   24 521
 -  2 703
   ------
   21 818
```
(10)
```
   56 267
 -  4 322
   ------
   51 945
```
(11)
```
   54 747
 -  3 923
   ------
   50 824
```
(12)
```
   97 893
 -  9 755
   ------
   88 138
```
(13)
```
   46 400
 -  7 689
   ------
   38 711
```
(14)
```
   19 407
 -  6 209
   ------
   13 198
```

(15)
```
   34 467
 -  9 990
   ------
   24 477
```
(16)
```
   67 425
 -  6 537
   ------
   60 888
```
(17)
```
   22 379
 -  5 308
   ------
   17 071
```
(18)
```
   70 364
 -  1 937
   ------
   68 427
```
(19)
```
   32 391
 -  2 905
   ------
   29 486
```
(20)
```
   24 750
 -  2 039
   ------
   22 711
```

Day 79

(1)
```
   19 826
 - 12 265
   ------
    7 561
```
(2)
```
   96 575
 - 25 326
   ------
   71 249
```
(3)
```
   62 335
 - 33 298
   ------
   29 037
```
(4)
```
   69 626
 - 10 503
   ------
   59 123
```
(5)
```
   55 869
 - 44 139
   ------
   11 730
```
(6)
```
   71 894
 - 25 957
   ------
   45 937
```
(7)
```
   85 531
 - 21 256
   ------
   64 275
```

(8)
```
   71 050
 - 46 930
   ------
   24 120
```
(9)
```
   70 909
 - 22 234
   ------
   48 675
```
(10)
```
   37 560
 - 19 722
   ------
   17 838
```
(11)
```
   84 088
 - 74 054
   ------
   10 034
```
(12)
```
   59 699
 - 54 345
   ------
    5 354
```
(13)
```
   30 376
 - 10 056
   ------
   20 320
```
(14)
```
   81 387
 - 75 686
   ------
    5 701
```

(15)
```
   65 681
 - 58 891
   ------
    6 790
```
(16)
```
   78 181
 - 71 223
   ------
    6 958
```
(17)
```
   62 388
 - 57 392
   ------
    4 996
```
(18)
```
   70 037
 - 62 545
   ------
    7 492
```
(19)
```
   98 087
 - 73 825
   ------
   24 262
```
(20)
```
   95 872
 - 66 036
   ------
   29 836
```

Day 80

(1) 68 114 − 18 453 = 49 661	(2) 96 248 − 92 439 = 3 809	(3) 71 152 − 45 405 = 25 747	(4) 80 544 − 67 730 = 12 814	(5) 60 664 − 40 855 = 19 809	(6) 70 020 − 36 406 = 33 614

(7) 78 78⎿ − 40 22⎿ = 38 56⎿

(8) 52 409 − 25 626 = 26 783	(9) 78 450 − 32 296 = 46 154	(10) 86 358 − 80 237 = 6 121	(11) 94 875 − 73 132 = 21 743	(12) 79 445 − 17 956 = 61 489	(13) 41 926 − 37 259 = 4 667

(14) 48 43⎿ − 26 96⎿ = 21 47⎿

(15) 40 167 − 13 566 = 26 601	(16) 96 551 − 58 248 = 38 303	(17) 81 370 − 14 247 = 67 123	(18) 78 429 − 48 089 = 30 340	(19) 39 569 − 31 753 = 7 816	(20) 46 180 − 33 623 = 12 557

Day 81

(1) 83 418 − 34 461 = 48 957	(2) 81 732 − 78 011 = 3 721	(3) 46 994 − 14 877 = 32 117	(4) 78 006 − 50 437 = 27 569	(5) 93 565 − 14 903 = 78 662	(6) 55 204 − 53 167 = 2 037

(7) 64 6⎿ − 52 5⎿ = 12 08⎿

(8) 88 822 − 78 784 = 10 038	(9) 73 269 − 25 196 = 48 073	(10) 38 642 − 14 807 = 23 835	(11) 41 132 − 28 039 = 13 093	(12) 91 017 − 36 833 = 54 184	(13) 58 942 − 17 057 = 41 885

(14) 92 7⎿ − 21 1⎿ = 71 5⎿

(15) 88 176 − 13 523 = 74 653	(16) 64 530 − 19 311 = 45 219	(17) 67 310 − 18 691 = 48 619	(18) 79 256 − 38 565 = 40 691	(19) 99 527 − 62 810 = 36 717	(20) 43 310 − 24 324 = 18 986

Day 82

(1) 80 370 − 45 864 = 34 506	(2) 68 580 − 40 310 = 28 270	(3) 74 057 − 72 881 = 1 176	(4) 66 131 − 27 544 = 38 587	(5) 77 251 − 51 310 = 25 941	(6) 99 580 − 71 944 = 27 636

(7) 99 6⎿ − 69 6⎿ = 30 0⎿

(8) 51 891 − 44 442 = 7 449	(9) 96 323 − 46 341 = 49 982	(10) 87 496 − 44 832 = 42 664	(11) 94 572 − 42 934 = 51 638	(12) 94 281 − 29 057 = 65 224	(13) 92 562 − 85 968 = 6 594

(14) 95 3⎿ − 76 7⎿ = 18 6⎿

(15) 79 555 − 27 983 = 51 572	(16) 51 838 − 23 476 = 28 362	(17) 99 418 − 14 348 = 85 070	(18) 95 114 − 35 076 = 60 038	(19) 30 919 − 20 359 = 10 560	(20) 73 240 − 62 400 = 10 840

Day 83

(1) 62 175 − 13 805 = 48 370	(2) 63 093 − 25 165 = 37 928	(3) 89 402 − 16 618 = 72 784	(4) 77 035 − 56 490 = 20 545	(5) 87 077 − 18 562 = 68 515	(6) 71 164 − 55 520 = 15 644

(7) 16 6⎿ − 10 2⎿ = 6 3⎿

(8) 45 971 − 43 356 = 2 615	(9) 81 930 − 64 871 = 17 059	(10) 72 819 − 40 833 = 31 986	(11) 84 570 − 57 538 = 27 032	(12) 76 208 − 12 499 = 63 709	(13) 87 066 − 64 062 = 23 004

(14) 73 6⎿ − 10 3⎿ = 63 2⎿

(15) 79 193 − 75 795 = 3 398	(16) 91 351 − 52 230 = 39 121	(17) 63 446 − 21 599 = 41 847	(18) 59 642 − 15 842 = 43 800	(19) 92 087 − 25 573 = 66 514	(20) 53 766 − 11 076 = 42 690

Day 84

(1) 96 287 − 63 336 = 32 951	(2) 68 616 − 12 315 = 56 301	(3) 80 631 − 26 472 = 54 159	(4) 71 111 − 64 906 = 6 205	(5) 93 387 − 71 519 = 21 868	(6) 69 698 − 34 527 = 35 171

(7) 46 ⎿ − 46 ⎿

(8) 78 268 − 14 231 = 64 037	(9) 51 346 − 34 014 = 17 332	(10) 93 300 − 62 999 = 30 301	(11) 86 277 − 35 479 = 50 798	(12) 39 404 − 18 683 = 20 721	(13) 92 148 − 80 432 = 11 716

(14) 24 ⎿ − 19 ⎿ = 4⎿

(15) 64 007 − 22 213 = 41 794	(16) 75 125 − 27 846 = 47 279	(17) 71 605 − 40 388 = 31 217	(18) 65 077 − 33 754 = 31 323	(19) 89 043 − 48 680 = 40 363	(20) 29 630 − 22 523 = 7 107

Day 85

(1) 22 + <u>2</u> = 24

(2) 42 + <u>3</u> = 45

(3) 66 + <u>10</u> = 76

(4) 46 + <u>8</u> = 54

(5) 35 + <u>9</u> = 44

(6) 43 + <u>9</u> = 52

(7) 85 + <u>8</u> = 93

(8) 64 + <u>4</u> = 68

9	72 + 9 = 81	10	69 + 9 = 78	11	79 + 2 = 81	12	66 + 7 = 73
3	28 + 7 = 35	14	99 + 5 = 104	15	77 + 9 = 86	16	96 + 4 = 100
7	84 + 4 = 88	18	24 + 4 = 28	19	82 + 10 = 92	20	33 + 2 = 35

Day 86

1	40 + 6 = 46	2	19 + 8 = 27	3	78 + 9 = 87	4	82 + 9 = 91
5	83 + 3 = 86	6	93 + 4 = 97	7	53 + 2 = 55	8	81 + 3 = 84
	46 + 8 = 54	10	93 + 10 = 103	11	96 + 10 = 106	12	15 + 5 = 20
3	95 + 3 = 98	14	10 + 7 = 17	15	67 + 5 = 72	16	48 + 8 = 56
7	62 + 7 = 69	18	57 + 4 = 61	19	91 + 9 = 100	20	85 + 5 = 90

Day 87

	23 - 3 = 20	2	31 - 8 = 23	3	19 - 4 = 15	4	53 - 7 = 46	5	34 - 8 = 26
	34 - 5 = 29	7	65 - 6 = 59	8	98 - 6 = 92	9	56 - 3 = 53	10	41 - 9 = 32
1	34 - 7 = 27	12	72 - 7 = 65	13	90 - 5 = 85	14	15 - 8 = 7	15	24 - 6 = 18
6	29 - 3 = 26	17	30 - 7 = 23	18	92 - 7 = 85	19	26 - 5 = 21	20	68 - 3 = 65

Day 88

	42 - 6 = 36	2	65 - 3 = 62	3	10 - 4 = 6	4	62 - 8 = 54	5	89 - 8 = 81
	44 - 6 = 38	7	68 - 3 = 65	8	89 - 5 = 84	9	50 - 6 = 44	10	96 - 6 = 90
1	29 - 6 = 23	12	63 - 7 = 56	13	63 - 3 = 60	14	22 - 9 = 13	15	63 - 4 = 59
6	46 - 2 = 44	17	54 - 4 = 50	18	61 - 6 = 55	19	15 - 5 = 10	20	73 - 6 = 67

Day 89

	445 + 41 = 486	2	128 + 29 = 157	3	521 + 19 = 540	4	383 + 32 = 415
	252 + 44 = 296	6	498 + 46 = 544	7	140 + 26 = 166	8	354 + 54 = 408
	552 + 11 = 563	10	272 + 27 = 299	11	422 + 25 = 447	12	297 + 13 = 310
3	553 + 19 = 572	14	524 + 44 = 568	15	546 + 38 = 584	16	443 + 13 = 456
7	162 + 14 = 176	18	312 + 31 = 343	19	159 + 29 = 188	20	336 + 31 = 367

Day 90

	448 + 38 = 486	2	534 + 47 = 581	3	241 + 50 = 291	4	440 + 39 = 479
	312 + 22 = 334	6	368 + 45 = 413	7	185 + 55 = 240	8	248 + 23 = 271
	490 + 54 = 544	10	238 + 22 = 260	11	254 + 51 = 305	12	348 + 44 = 392
	377 + 48 = 425	14	483 + 41 = 524	15	234 + 11 = 245	16	338 + 40 = 378
	363 + 14 = 377	18	431 + 36 = 467	19	541 + 49 = 590	20	503 + 39 = 542

Day 91

	346 + 43 = 389	2	232 + 14 = 246	3	339 + 31 = 370	4	533 + 47 = 580
	326 + 29 = 355	6	374 + 13 = 387	7	215 + 22 = 237	8	278 + 48 = 326
	138 + 19 = 157	10	199 + 31 = 230	11	124 + 13 = 137	12	255 + 30 = 285
	442 + 52 = 494	14	191 + 15 = 206	15	223 + 43 = 266	16	246 + 55 = 301
	142 + 39 = 181	18	427 + 38 = 465	19	387 + 31 = 418	20	202 + 16 = 218

Day 92

	323 + 30 = 353	2	488 + 43 = 531	3	546 + 37 = 583	4	175 + 50 = 225
	221 + 12 = 233	6	186 + 16 = 202	7	554 + 46 = 600	8	195 + 38 = 233
	201 + 17 = 218	10	149 + 27 = 176	11	299 + 42 = 341	12	378 + 46 = 424
	282 + 13 = 295	14	393 + 54 = 447	15	276 + 48 = 324	16	535 + 52 = 587
	151 + 34 = 185	18	206 + 47 = 253	19	111 + 45 = 156	20	431 + 28 = 459

Day 93

	360 - 27 = 333	2	321 - 50 = 271	3	516 - 20 = 496	4	133 - 96 = 37
	637 - 5 = 632	6	316 - 91 = 225	7	844 - 53 = 791	8	691 - 33 = 658
	604 - 10 = 594	10	544 - 44 = 500	11	879 - 23 = 856	12	287 - 84 = 203
	709 - 40 = 669	14	679 - 70 = 609	15	168 - 78 = 90	16	674 - 75 = 599
	132 - 53 = 79	18	557 - 53 = 504	19	967 - 36 = 931	20	839 - 45 = 794

Day 94

(1) 921 - 80 = 841	(2) 279 - 38 = 241	(3) 259 - 67 = 192	(4) 215 - 48 = 167
(5) 692 - 82 = 610	(6) 721 - 66 = 655	(7) 581 - 51 = 530	(8) 209 - 9 = 200
(9) 145 - 41 = 104	(10) 839 - 9 = 830	(11) 583 - 35 = 548	(12) 905 - 80 = 825
(13) 452 - 49 = 403	(14) 892 - 31 = 861	(15) 117 - 15 = 102	(16) 416 - 22 = 394
(17) 337 - 7 = 330	(18) 566 - 8 = 558	(19) 115 - 83 = 32	(20) 702 - 3 = 699

Day 95

(1) 798 - 63 = 735	(2) 253 - 25 = 228	(3) 937 - 74 = 863	(4) 765 - 38 = 727
(5) 540 - 11 = 529	(6) 582 - 2 = 580	(7) 727 - 21 = 706	(8) 933 - 14 = 919
(9) 223 - 31 = 192	(10) 425 - 92 = 333	(11) 106 - 23 = 83	(12) 467 - 9 = 458
(13) 483 - 45 = 438	(14) 577 - 81 = 496	(15) 711 - 31 = 680	(16) 593 - 26 = 567
(17) 680 - 93 = 587	(18) 851 - 81 = 770	(19) 889 - 99 = 790	(20) 539 - 54 = 485

Day 96

(1) 291 - 55 = 236	(2) 255 - 85 = 170	(3) 591 - 70 = 521	(4) 707 - 90 = 617
(5) 877 - 85 = 792	(6) 985 - 65 = 920	(7) 549 - 3 = 546	(8) 528 - 57 = 471
(9) 299 - 12 = 287	(10) 829 - 50 = 779	(11) 294 - 91 = 203	(12) 721 - 21 = 700
(13) 594 - 30 = 564	(14) 422 - 75 = 347	(15) 423 - 13 = 410	(16) 321 - 15 = 306
(17) 830 - 82 = 748	(18) 744 - 46 = 698	(19) 137 - 56 = 81	(20) 570 - 73 = 497

Day 97

(1) 110	(2) 50	(3) 10	(4) 40	(5) 100	(6) 10	(7) 30	(8) 90	(9) 10	(10) 10
(11) 120	(12) 10	(13) 90	(14) 80	(15) 20	(16) 70	(17) 50	(18) 70	(19) 170	(20) 130

Day 98

(1) 10	(2) 80	(3) 130	(4) 130	(5) 130	(6) 90	(7) 20	(8) 10	(9) 120	(10) 50
(11) 70	(12) 0	(13) 80	(14) 30	(15) 10	(16) 70	(17) 170	(18) 100	(19) 40	(20) 70

Day 99

(1) 900	(2) 700	(3) 800	(4) 1800	(5) 600	(6) 400	(7) 100	(8) 600	(9) 1100	(10) 900
(11) 200	(12) 200	(13) 0	(14) 1300	(15) 300	(16) 0	(17) 200	(18) 1700	(19) 600	(20) 30

Day 100

(1) 1100	(2) 1200	(3) 1600	(4) 700	(5) 700	(6) 400	(7) 400	(8) 1300	(9) 100	(10) 50
(11) 1000	(12) 800	(13) 400	(14) 1500	(15) 1200	(16) 1600	(17) 1100	(18) 700	(19) 1100	(20) 14

Printed in Great Britain
by Amazon

87845513R00070